LIBRO SU MEDJUGORJE

MEDJUGORJE E' UN LUOGO FANTASTICO DOVE UN ANIMA
PUO' SENTIRE LA PRESENZA DI MARIA E DEGLI ANGELI,
E' UN PARADISO SULLA TERRA, IO CI SONO STATO 5 O 6
VOLTE, E TUTTE LE VOLTE CHE CI ANDAVO, MI CHIAMAVA
MARIA ATTRAVERSO IL SUO AMORE CHE SI IRRADIAVA
NELLA MIA PERSONA PER MEZZO DELLA IMMAGINE SACRA
DELLA MADONNA DI THIALJINA CHE TUTTI CHIAMANO LA
MADONNA DI MEDJUGORJE; LA PRIMA VOLTA CHE IO
ARRIVAI A MEDJUGORJE, FU' IL 5 AGOSTO, E DOPO
VENNI A SAPERE CHE LA MADONNA DISSE AI VEGGENTI DI
ESSERE NATA IL 5 AGOSTO E FORSE FU' IL 5 AGOSTO
2011 CHE MI ACCORSI CHE NEL SANTUARIO DELLA MADONNA
DI PORTO EMPEDOCLE CHE IO HO COSTRUITO VI ERA UNA
SORGIVA D'ACQUA MIRACOLOSA, CHE IO GIA' DA 11 ANNI
AVEVO CHIESTO A MARIA DOPO CHE LEI NEL MAGGIO DEL
2000 SCESE IN QUESTO LUOGO PER LIBERARMI DA UN
FALSO PROFETA CHE AVEVA SATANA NEL SUO CUORE E CHE
MI STAVA INGANNANDO GIA' DA TRE ANNI; IO IN QUELL'
OCCASSIONE, MI ACCORSI CHE I MESSAGGI CHE USCIVANO
DALLA BOCCA DI QUESTO FALSO PROFETA, POTEVANO
VENIRE DA SATANA E ALLORA CHIESI MENTALMENTE ALLA
MADONNA DI SCHIACCIARE LA TESTA AL SERPENTE, E
SUBITO QUELL'UOMO DISSE UNA FRASE :"CHE MI IMPORTA
DI DIRE GESU' ,MARIA VI AMO" PERCHE' NON ERA VERO
CHE ERA GESU' ,MA IL DEMONIO CHE MI PARLAVA PER
BOCCA DI QUESTO FALSO PROFETA E LA MADONNA GLI
SCHIACCIO' SUBITO LA TESTA APPENA IO DISSE LA MIA
PREGHIERA. QUI A PORTO EMPEDOCLE LA MADONNA VUOLE
CHE SI COSTRUISCA UNA CHIESA SIMILE A QUELLA DI
MEDJUGORJE ,CREDO ,O DIVERSA ,INTITOLATA :"SS MARIA
E LUISA MADRI E REGINE DEL DIVINO VOLERE NOVELLE
EVE DEL PARADISO" E VUOLE ANCHE CHE I VEGGENTI DI
MEDJUGORJE VENGANO QUI ;QUANDO LEI VORRA', IO

INVITERO', MARIJA ,IVANKA E PADRE JOZO PER UNA
PREGHIERA COMUNITARIA E PER FAR BENEDIRE DALLA
GOSPA ANCOR DI PIU' QUESTO SANTUARIO DEL DIVINO
VOLERE.

MEDJUGORJE E' UN LUOGO SASSOSO ,OVUNQUE TI GIRI
VEDI PIETRE COME SAN GIOVANNI ROTONDO ,VI E' UN
MONTE ALTO DOVE VI E' UNA CROCE DI CEMENTO
(CRUZIVAC), DOVE VI E' POSTA LA VIA CRUCIS E DOVE
VI FURONO SEGNI SOPRANNATURALI (LA CROCE SI
INFUOCAVA) NEL PERIODO DELLE PRIME APPARIZIONI ;VI
E' UNA COLLINA CHIAMATA POBRDO DOVE LA MADONNA
APPARVE IL 24 ED IL 25 GIUGNO A IVANKA E A MARIJA E
A MILKA SORELLA DI MARIJA . MEDJUGORJE IN CROATO
VUOL DIRE :IN MEZZO AI MONTI; QUALCHE DECINA DI
ANNI ADDIETRO, APPARVE NEL CIELO DI THIALJINA, (33
KM DISTANTE DA MEDJUGORJE)IL CARRO DI SANT'ELIA
PROFETA CON CAVALLI DI FUOCO (QUESTO PROFETA ALLA
FINE DEI SUOI GIORNI SULLA TERRA, FU' RAPITO DA DIO
PER LA SUA GRANDE SANTITA' CON UN CARRO E CAVALLI
DI FUOCO IN MEZZO AD UN TURBINE IMPETUOSO, PERCHE'
LA SUA PAROLA BRUCIAVA COME FIACCOLA PIENA DI FUOCO
D'AMORE) ALLORA IL POPOLO E LA CHIESA ,
COSTRUIRONO UNA CHIESA IN ONORE DI SANT'ELIA, DOVE
POI FU POSTA LA BELLISSIMA STATUA DELLA MADONNA DI
MEDJUGORJE(QUELLA DI THIALJINA IN REALTA')CHE FU
SOGNATA DA PADRE JOZO E POI TRAMITE AMICI VENNE A
CONOSCERE UNA BELLISSSIMA STATUA IN UN NEGOZIO DI
ROMA, LA MAR STATUE SACRE, PADRE JOZO RICONOBBE CHE
ERA LA STESSA STATUA CHE AVEVA SOGNATO E LA
COMPRO'(QUESTO RACCONTO MI E' STATO DATO DAL
PROPRIETARIO DEL NEGOZIO MAR STATUE SACRE DI ROMA
CHE SI TROVA A CIRCA TRENTA METRI DISTANTE DALLE
COLONNE ESTERNE DEL LATO DESTRO DEL VATICANO).
BISOGNA CONOSCERE CHE LA STORIA DI MEDJUGORJE E'
LEGATA AL PROFETA ELIA, INFATTI IL 24 GIUGNO, CIOE'
IL GIORNO DELLA PRIMA APPARIZIONE, E' LA NATIVITA'
DI SAN GIOVANNI BATTISTA, E GESU' DISSE CHE
GIOVANNI ERA L'ELIA CHE E' VENUTO E NON L'HANNO
RICONOSCIUTO, E CHE VERRA' DI NUOVO A RESTAURARE

IL REGNO;LA BOSNIA ERZEGOVINA HA COME PROTETTORE
IL PROFETA ELIA, DA QUESTO POSSIAMO CAPIRE CHE
SIAMO NEGLI ULTIMI TEMPI E NEL TEMPO DELLA VENUTA
DEL PROFETA ELIA CHE E' GIA FRA NOI ,IL FUTURO PAPA
SARA' ENOCH CHE FU RAPITO DA DIO PERCHE' CAMMINO'
CON DIO NELLA SANTITA' ; QUESTI 2 PROFETI SONO I
DUE CANDELABRI E I DUE ULIVI CHE STANNO ALLA
DESTRA E ALLA SINISTRA DI DIO E CHE SONO DESIGNATI
A RITORNARE SULLA TERRA PER RESTAURARE IL REGNO
SANTO DI DIO; ALLA FINE DEI LORO GIORNI SARANNO
UCCISI DALLA BESTIA CHE SALE DALL'ABISSO. LA
MADONNA HA DETTO, CHE QUESTA E' L'ULTIMA
APPARIZIONE CHE LEI FA (QUESTO VUOL DIRE CHE E'
L'ULTIMO LUOGO E TUTTI GLI ALTRI CHE VENGONO DOPO
MEDJUGORJE SONO FALSE E DEMONIACHE),PERCHE' SIAMO
VICINO ALLA FINE DEI TEMPI, CHE VERRA' QUANDO IL
SUO CUORE TRIONFERA' E VI SARA' UNA PACE CHE
DURERA' CIRCA 25 ANNI, COME DISSE LEI STESSA A LA
SALETTE, IN FRANCIA, CIRCA 170 ANNI FA'; DOPO
APPARIRA' L'ANTICRISTO, E UCCIDERA' I DUE PROFETI
DI DIO CHE SARANNO, UNO IL GRAN MONARCA E L'ALTRO
L'ULTIMO E GRANDE PAPA(PIETRO IL ROMANO LO CHIAMA
SAN MALACHIA; IL PRIMO PAPA FU PIETRO CHE ERA
SIMONE DI GIOVANNI E L'ULTIMO IL SIGNORE LO FARA'
CHIAMARE ANCHE PIETRO? PER FAR COMPRENDERE CHE SE
IL PRIMO SI CHIAMAVA PIETRO L'ULTIMO DOVEVA ESSERE
PIETRO SECONDO) (ADESSO CHE E' VENUTO PAPA
FRANCESCO POSSIAMO CAPIRE CHE MALACHIA PARLAVA
PROPRIO DI LUI CHIAMANDOLO SIMBOLICAMENTE PIETRO
IL ROMANO PERCHE' TUTTI I PAPI SONO CHIAMATI
ANCHE PIETRO IN QUANDO SUCCESSORI SUOI E CREDO
CHE MALACHIA ABBIA DATO QUESTO APPELLATIVO A PAPA
FRANCESCO PERCHE' E' ANCHE L'ULTIMO DEI SUCCESSORI
DI PIETRO E TROVANDOSI A ROMA LA SUA SEDE GLI HA
DATO L'APPELLATIVO DI PIETRO IL ROMANO . QUESTI 2
PROFETI RISORGERANNO DOPO TRE GIONI E MEZZO DAVANTI
A GLI OCCHI DEI LORO UCCISORI E NEMICI; LA MADONNA
A MEDJUGORJE VUOLE DIRCI QUESTO :CHE SIAMO PROPRIO
NEL PERIODO DI QUESTI DUE GRANDI PROFETI MANDATI
DA DIO PER SALVARE IL MONDO E PER FARE CONOSCERE

LA VERA SANTITA' DEL CIELO, CHE E' QUELLA CHE LUISA
HA RICEVUTO MEDIANTE GLI SCRITTI CHE GESU' GLI
HA DETTATI, DICENDOLE CHE SONO UN GRANDE DONO PER
L'UMANITA' E CHE SOLO MARIA AVEVA RICEVUTO QUESTI
IMMENSI DONO DI CONOSCERE LE VERITA' SULLA DIVINA
VOLONTA' ED IL DONO DEL DIVINO VOLERE IN TUTTI GLI
ATTI UMANI;POSSIAMO ESSERE VERI IMITATORI DI MARIA
E DI LUISA SE CONOSCEREMO QUESTI SCRITTI DI LUISA E
LI ASSIMILEREMO IN NOI CON FIDUCIA E FEDELTA',
SCHIACCEREMO LA TESTA AI NOSTRI NEMICI E AL NOSTRO
UMANO VOLERE CHE VUOL SEMPRE USCIRE FUORI DI NOI ,
DOMINEREMO PERSINO LA NATURA CHE SARA' FELICE DI
OBBEDIRE ALLA DIVINA VOLONTA' CHE SARA' IN NOI SE
CREDEREMO ALLE VERITA' CHE LUISA HA RICEVUTO SULLA
DIVINA VOLONTA' ; IL MALE SCOMPARIRA' PER POI
RIAPPARIRE NEGLI ULTIMI TRE ANNI E MEZZO
DELL'ANTICRISTO SULLA TERRA,SAN MICHELE LO
TRAFIGGERA' CON LA PAROLA DI GESU' CHE SARA' NELLA
BOCCA DEI FIGLI DL DIVINO VOLERE E DEI SANTI. LA
MADONNA CI HA DATO 10 SEGRETI CHE I DUE VEGGENTI
PRESTO DIRANNO, QUANDO LA MADONNA GLI COMANDERA'
DI DIRLO PRIMA CHE SUCCEDANO I FATTI FUTURI.
MEDJUGORJE SI TROVA NELLA BOSNIA ERZEGOVINA AI
CONFINI CON LA CROAZIA E VICINO MOSTAR E
DUBROVINIK SI PARLA IL CROATO IN QUESTA ZONA;
MOLTE PERSONE SONO DI ORIGINE CROATA E CREDO ANCHE
I VEGGENTI;PRIMA DI APPARIRE LA MADONNA MEDJUGORJE
ERA UN PICCOLISSIMO PAESE DI POCHE CASE E DI
POVERE PERSONE QUANDO FU' COSTRUITA LA CHIESA DI
SAN GIACOMO, UN FRATE DOMANDO ALL'ALTRO: MA NON E'
TROPPO GRANDE QUESTA CHIESA PER QUESTO PICCOLISSIMO
PAESE? E L'ALTRO RISPOSE CHE UN GIORNO SAREBBE
SEMBRATA PICCOLA, COSI AVVENNE GRAZIE ALLA MADONNA;
ADESSO E' CRESCIUTA MOLTO MEDJUGORJE E NON C'E'
PIU' POVERTA', QUASI TUTTI GLI ABITANTI POSSEGGONO
PENSIONI , RISTORANTI E NEGOZI DI ARTICOLI
RELIGIOSI , ANCHE I VEGGENTI POSSEGGONO DELLE
PENSIONI E LAVORANO CON I PELLEGRINI CHE DA MARZO
FINO A SETTEMBRE RIEMPIONO IL PAESE ED I LUOGHI
DELL'APPARIZIONE; LA MADONNA, APPARVE ANCHE IN

CHIESA E LA VIDERO QUASI TUTTI , ANCHE PADRE JOZO
UN GIORNO SENTI' LA VOCE DELLA MADONNA CHE LE
DICEVA :"VA E PROTEGGI I MIEI VEGGENTI", O FORSE
PRESE IL LIBRO DELLA BIBBIA MENTRE CHIEDEVA A DIO
DI ILLUMINARLO SULLA QUESTIONE DELLE APPARIZIONI
CHE LUI NON CREDEVA E DIO GLI FECE CADERE LO
SGUARDO SU UNA FRASE DELLA BIBBIA CHE DICEVA DI
CREDERE;APPENA IL PARROCO USCI' FUORI LA PORTA
DELLA CHIESA, VIDE I VEGGENTI INSEGUITI
DALL'ESERCITO CHE VOLEVA ARRESTARLI, E LI NASCOSE
SOTTO L'ALTARE ,CREDO, ANCHE PADRE JOZO DAL MOMENTO
DI QUESTO FATTO, SUBI' PESANTI TRIBOLAZIONI E
PERSECUZIONI , FU ARRESTATO PER PARECCHI ANNI , GLI
RUPPERO QUASI TUTTI I DENTI NEL CARCERE, PER
COSTRINGERLO A PARLARE , MA IL POVERO FRATE
SOPPORTO TUTTO PER AMORE DI DIO E DI MARIA E FU'
CONFORTATO SPESSO IN CARCERE DALLA MADONNA,POI FU
TRASFERITO NELLA PARROCCHIA DI SANT'ELIA A
THIALJINA E POI IN UN ALTRA CHIESA SEMPRE NELLE
VICINANZE DI MEDJUGORJE. A THIALJINA LA MADONNA
COMPIVA E COMPIE MOLTI PRODIGI PER MEZZO DELLA SUA
BELLLISSIMA STATUA CHE PADRE JOZO AVEVA SOGNATO E
COMPRATO NEL NEGOZIO DI ROMA   LI MOLTE PERSONE
CADONO COME SVENUTE PER TERRA ACCOMPAGNATE
DOLCEMENTE DA UNA MANO INVISIBILE E POI SI
SVEGLIANO DOPO CIRCA 10 MINUTI CON UNA GRANDE GIOIA
RADIANTE AMORE DIVINO SUL VOLTO,IO NE SONO
TESTIMONE OCULARE DI QUESTE GUARIGIONI CHE LO
SPIRITO SANTO COMPIE CON L'AIUTO DEGLI ANGELI
CUSTODI SULLE PERSONE CHE PASSAVANO DAVANTI LA
BELLISSIMA STATUA DELLA MADONNA CHE SCHIACCIA LA
TESTA AL SERPENTE CON IL CALCAGNO , ECCO PERCHE'
IO VOLEVO NEL SANTUARIO CHE HO COSTRUITO A PORTO
EMPEDOCLE UNA STATUA IDENTICA COME QUELLA DI
MEDJUGORJE E UNA CHIESA SIMILE PERCHE' APPUNTO
QUESTA STATUA HA UN SERPENTE SOTTO IL CALCAGNO E
QUI A PORTO EMPEDOCLE LA MADONNA SCHIACCIO' LA
TESTA AL SERPENTE DOPO LA MIA PREGHIERA:" O DONNA
CHE SCHIACCIA LA TESTA AL SERPENTE , SCHIACCIA LA
TESTA AL SERPENTE" QUI A MEDJUGORJE LA MADONNA

APPARE AD OGNI ANNIVERSARIO VESTITA D'ORO E CON
QUESTO LA MADONNA CI VUOLE DIRE CHE QUI SI E'
VERIFICATA LA PROFEZIA DI SAN GIOVANNI
NELL'APOCALISSE:"VIDI APPARIRE NEL CIELO UN SEGNO
GRANDIOSO ,UNA DONNA VESTITA DI SOLE CON LA LUNA
SOTTO I SUOI PIEDI E SUL CAPO UNA CORONA DI 12
STELLE E UN ALTRO SEGNO VIDI APPARIRE UN DRAGONE
ROSSO "ANCHE SATANA STA OPERANDO A MEDJUGORJE E
IO QUESTO LO HO NOTATO CHIARAMENTE ,INFATTI HO
VISTO MOLTE PERSONE VENIRE A MEDJUGORJE MA NON
CAMBIARE MAI NEL CUORE ,FANNO MOLTE PREGHIERE MA
HANNO POCA MISERICORDIA E SE UNO PREGA MOLTO E VA
SEMPRE A MESSA E NON SI VEDE IL DONO DELLA
MISERICORDIA ,DELLA CARITA' FRATERNA E' UN
MENTITORE ED IMPOSTORE,PERCIO' NON FIDATEVI SUBITO
DELLE PERSONE CHE VANNO A MEDJUGORJE E PARLANO DI
MEDJUGORJE , METTETELI SEMPRE ALLA PROVA PER UN PO
DI TEMPO ALLA FINE ,IL SIGNORE VI AIUTERA' A
SCOPRIRE QUALCHE DIFETTO GRANDE CHE PUO' ESSERE IL
SEGNO CHE DIO VI MANDA PER ALLONTANARVI DAI FALSI
DEVOTI E DAI FALSI PROFETI.

A MEDJUGORJE I MIRACOLI NON MANCANO SONO VISIBILE
A TUTTI QUANDO UNO VA IN QUESTO LUOGO SANTO LA
MADONNA MANDA SEMPRE DEI SEGNI, A VOLTE SI VEDONO
PER TERRA RAGAZZE INDEMONIATE CHE PARLANO CON UNA
VOCE DEMONIACA E MASCHILE E SI LAMENTANO; A VOLTE
MOLTE PERSONE VEDONO SEGNI NEL SOLE E NEL CIELO O
GUARISCONO DA QUALCHE MALATTIA , CI SONO
TESTIMONIANZE DI GUARIGIONI DALLA CECITA' , DA
TUMORI MALIGNI E DA MOLTE SPECIE DI MALATTIE; A
MARIJA PAVLOVIC LA MADONNA APPARE TUTTI I GIORNI
VERSO LE 18:30 E SPESSO NELLA SUA VILLA CHE SI
TROVA AFFIANCO ALLA COMUNITA' CENACOLO DI
MEDJUGORJE AI PIEDI DELLA COLLINA DELLE
APPARIZIONI, SE UN GRUPPO SI PRENOTA PRIMA LA
VEGGENTE MARIJA LO OSPITERA' AD ASSSISTERE
ALL'APPARIZIONE, ALCUNE VOLTE IO SONO RIUSCITO AD
ENTRARE ATTENDENDO DAVANTI AL CANCELLO D'INGRESSO

SE VI ERA UN BUON UOMO DI GUARDIA A VOLTE CI
FACEVA PASSARE, SEMPRE DOPO AVER PREGATO MOLTO LA
MADONNA CI FACEVA ENTRARE, TOCCANDO IL CUORE DEL
GUARDIANO.MARIJA GIA' DA 3 ANNI CONSECUTIVI E
STATA INVITATA DALLA COMUNITA' DI SAN
PETRIGNANO(ASSISI) CREDO A FEBBRAIO O MARZO DEL
2010 , 2011 E DEL 2012; NEL 2010 CREDO E'
AVVENUTO UN GRANDISSIMO MIRACOLO ,IO MI TROVAVO AD
ASSISI DA MIA SORELLA E VENIVO DA MEDJUGORJE CREDO
CHE ERA IL MESE DI MAGGIO, IN TV, DI DOMENICA, NEL
PROGRAMMA DI GILET, PARLAVANO DI MARIJA QUANDO E'
VENUTA AD ASSISI UNO O 2 MESI PRIMA DI QUEL
GIORNO,GILET PARLO' DI UN VIDEO CHE FU' GIRATO DA
UNA SIGNORA DI ASSISI CON UN CELLULARE ; SI VEDEVA
MENTRE VI ERA L'APPARIZIONE A MARIJA LA FIGURA
TUTTA LUMINOSA ,DIAFANA COME UN NEON BIANCO ACCESO
DELLA MADONNA CHE STAVA APPUNTO DIALOGANDO CON
MARIJA PAVLOVIC LA FIGURA SI MUOVEVA E SOMIGLIAVA
PERFETTAMENTE ALLA SAGOMA DI UNA DONNA CON UN
VELO, PROPRIO COME LO PORTA LA MADONNA QUANDO
APPARE A MEDJUGORJE O IN ALTRE APPARIZIONI
MARIANE,GILET DISSE CHE QUESTO NON ERA MAI ACCADUTO
NELLA STORIA DELLA CHIESA DI FILMARE LA MADONNA,POI
DISSE CHE LA SIGNORA CHE GLI DIEDE QUEL VIDEO SI
CONVERTI' LEI CON TUTTA LA SUA FAMIGLIA.
il messaggio della Madonna all'umanita'

   fin dalle prime apparizioni a Medjugorje la
Madonna vuole avvisare il mondo che sta andando
verso una guerra senza fine di odio tra le
famiglie e tra le nazioni; percio' Lei si presenta
come la Regina della pace, e per rimedio ci da il
santo rosario ,la bibbia , i sacramenti, il
digiuno , la Santa messa. dapprima chiede di
pregare 7 Padre nostro e 7 ave Maria , poi quando
vede che le anime sono piu' mature chiede l'intero
rosario recitato in comune e nelle famiglie;Lei è

tutto per le anime e li vuole salvare dalle mani
del nemico dell'uomo ,il serpente antico ,satana e
l'umano volere, percio' dice spesso:
pregate,pregate , pregate ; digiunate a pane ed
acqua per chi puo', il mercoledi ed il venerdi ;
dice spesso di portare la nostra pace che Dio a
messo nei nostri cuori a tutti quelli che
incontriamo , ma se non abbiamo questa pace che
puo' venire solo da Dio non possiamo trasmettere
ad altri questo grande bene che Dio vuole donare
ai nostri fratelli che sono nell'odio e si
separono dai loro cari ' non vivendo il santo
vangelo alla lettera e cercando le vanita' del
mondo corrotto che li porta nella tentazione di
lasciare Dio e seguire il maligno e i desideri
impuri della carne. Maria si presenta come il
rimedio ,la medicina per avvicinarci in modo degno
ed accostarci al suo Figlio Gesù che ci salverà e
ci purificherà da tutti i nostri peccati e ci
santificherà la volontà corrotta. Per dare la vera
parola di vita che ormai i sacerdoti l'hanno
disprezzata e distolta, appare tutti i giorni ai
veggenti lasciando il suo tenero ed efficace
insegnamento d'amore e di gioia;ai veggenti li
mette in guardia dal maligno, che vuole operare
anche a Medjugorje per confondere gli spiriti, ed
in parte il maligno è riuscito a mettere i suoi
tentacoli a Medjugorje portando molti falsi devoti
che con le loro tenebre portano confusione. La
Madonna tramite noi vuole realizzare il suo disegno
materno per un mondo nuovo pieno d'amore che puo'
venire solo se il mondo si converte dalla sua
mondanita' e sensualità per abbracciare l'amore
misericordioso di Dio; molto spesso ci fa capire
che stiamo vivendo in un periodo grande di
misericordia ma sappiamo che a faustina kowalska
la serva della Divina Misericordia, Gesù avverte
che quando finirà il periodo della sua Misericordia
,poi inizierà il periodo della sua Giustizia che
sarà inesorabile con quelli che si ostineranno ad

offendere l'amore di Dio. Perciò la Madonna lascia ai veggenti 10 segreti che si realizzeranno presto e che i veggenti forse li trasmetteranno qualche giorno prima che questi si verificheranno;Lei ci vuole trasmettere con i suoi messaggi tutto il suo amore materno per i suoi figli smarriti nell'odio e nel volere umana cieco,vuole essere la nostra guida , il nostro conforto, la nostra pace, il nostro soccorso potentissimo, e ci vuole donare il suo Gesù dolcissimo dalle sue mani, solo Lei ha ricevuto questa grande grazia da Dio di donarci il suo Gesù bambino che tende le braccia verso di noi e ci vuole perdonare tutti i peccati per renderci simile a se stesso ,basta solo volere ritornare da Dio per guarire;adesso abbiamo una grandissima mediatrice presso il Figlio e conosciamo tutto il suo amore per noi anche se siamo i più grandi peccatori . Gesù disse a santa Faustina Kowalska più grande è il peccatore e più diritto ha alla mia Misericordia che è infinita e giustifica qualsiasi peccato, tranne quello contro lo Spirito Santo.Medjugorje è divenuta una città santa dove ogni anima di buona volontà, incontra l'amore di Dio e di Maria SS. e li ci aspettano per farci comprendere il nostro cammino in Dio ,li le ispirazioni di Dio sono fortissime , io ne ho avuto questa conferma varie volte,le benedizioni che Maria ha lasciato e continuerà a lasciare in questo luogo sacro sono veramente grandi e ripetute, basti pensare che Lei appare tutti i giorni a Marija Pavlovic e se ne va benedicendo sempre ad ogni apparizione, ci sono anche le moltissime preghiere di persone veramente convertite che stanno facendo un cammino di santità giudate da questa grande maestra che fanno scendere dal cielo tante Divine benedizioni . Dio Padre mandando la sua diletta Figlia a Medjugorje vuole salvarci dalla distruzione che satana a in mente,vuole salvare le povere anime che sono state ingannate dal serpente che usa delle cose moderne , come i

cinema , la tv, i media, le scuole(quando si studiano filosofi che allontano dalla fede), discoteche, viaggi di divertimento,feste, cellulari, computer , social network , come idoli che affascinano ed ingannano la ricerca della vera felicità dell'uomo che è affogato da tutta questa mondanità e non trova più spazio per pensare a Dio come unica vera fonte di beatitudine; pochi giorni fa diede l'acqua miracolosa di Porto Empedocle a tre ragazzi che spesso li vedevo seduti a farsi qualche canna vicino al quadro di Gesù misericordioso, in uno di loro si manifesto' un miracolo: il ragazzino appena bevuto un sorso di quest'acqua si sentii molto felice e la mente leggerissima , e lo disse a gli altri ed io gli domandai: ti senti la mente leggera, vero?lui annui. Questo fatto ci insegna che l'uomo in se ,sente la vicinanza di una fonte di felicità (Dio),ma viene turbata dal maligno che le propone altre false felicità come le droghe o il sesso e che alla fine invece di felicitare l'uomo ingannato come lo furono anche in questo modo Adamo ed Eva si ritrovano nella tristezza più buia per essersi allontanati ancora di piu' da Dio ;ecco perchè la Madonna ci dice sempre di pregare ,digiunare, andare a messa e leggere la sacra scrittura, perchè queste cose ci avvicinano a Dio e allontanano satana che non sopporta queste cose sane e pure ;allontanandosi la fonte delle tristezze umane e avvicinandosi la fonte di ogni felicità , l'uomo impara la via sicura della santità e del paradiso.
Chiunque vuole sentire l'amore di Maria deve venire a Medjugorje o a Porto Empedocle dove nel 2000 la Madonna schiaccio' la testa a satana e vuole una Chiesa simile a quella di Medjugorje, qui mi ha dato nel 2011 l'acqua miracolosa del Divino Volere;la Madonna ha scelto questi due luoghi per distruggere il regno del male e restaurare il regno del Divino Volere attraverso la conoscenza dei

libri di Luisa Piccarreta sulla Div. Volontà , che
a Porto Empedocle io sto cercando di trasmetterle a
tutti e che portero' anche dentro la Chiesa che si
costruira' qui , quando la Madonna mi dara' anche
questo dono ;penso che qui la Madonna vorra' un
convento di religiosi del Divino Volere che si
occuperanno del santuario e della divulgazione dei
libri di Luisa Piccarreta sulla Divina Volontà ,la
messa perpetua con la lettura dei libri di Luisa
nel mezzo della messa,credo che voglia anche un
grande ed efficiente ospedale dopo la Chiesa ed il
convento di sacerdoti ,frati e suore Figli del
Divino Volere della sacra famiglia . La Madonna ha
un progetto molto piu' ampio qui a Porto Empedocle
di quello di Medjugorje, se a Medjugorje ha creato
dei santi Mariani ,qui vuol creare i Figli del
Divino Volere che come Gesu' disse a Luisa i Figli
del Divino Volere saranno infinitamente piu' santi
di tutti i santi messi insieme che non hanno
conosciuto i libri di Luisa sulla Div. Volontà,
qui a Porto Empedocle vuole creare un ambiente
paradisiaco dove il serpente non avra' piu' nessun
potere contro i Figli del Div. Volere che la
Madonna formera' qui a Porto Empedocle ,anche
attraverso l'acqua infinitamente miracolosa del
Divino Volere

A MEDJUGORJE LA MADONNA AVEVA PREDETTO LA GUERRA
IN BOSNIA   ,CI FURONO MOLTE VITE SPEZZATE DA BOMBE
E TRUCIDITA' SENZA LIMITI, PASSANDO PER ANDARE A
MEJUGORJE ANCORA SI POSSONO SCORGERE LE FERITE DI
QUESTA GUERRA TRA ETNIE E RELIGIONI DIVERSE IN
QUASI TUTTE LE CITTA' DELLA BOSNIA TRANNE CHE A
MEDJUGORJE DOVE LE BOMBE NON CADDERO ANCHE SE GLI
AEREI VOLEVANO BOMBARDARLA . CHI VA A MOSTAR CHE
E' VICINISSIMA DA MEDJUGORJE SCOPRE CHE LI NON SI
PARLA TANTO DI MEDJUGORJE PERCHE' MOLTI SONO
MUSULMANI ;LA MADONNA HA PROTETTO ANCHE I
PELLEGRINI CHE IN QUEGLI ANNI CON FEDE E AMORE
RISCHIAVANO LA VITA VIAGGIANDO VERSO MEDJUGORJE

PER ANDARE A TROVARE LA BELLA SIGNORA D'AMORE CHE
CON GIOIA LI ATTENDEVA FRA LE SUE MATERNE BRACCIA.
IO ANDAI PER LA PRIMA VOLTA A MEDJUGORJE IL 5
AGOSTO DEL 1999. MI CHIAMO' LA MADONNA CON UNA
FIAMMA NEL CUORE APPENA AVEVO VISTO L'IMMAGINE
BELLISSIMA DELLA MADONNA DI THIALJINA CHE UNA
RAGAZZA MI AVEVA REGALATO ED IL GIORNO PRIMA
MENTRE IO STAVO DICENDO AD UN MIO COMPAGNO DI
LAVORO CHE FORSE FRA UN MESE ANDAVO A MEDJUGORJE
,LA STESSA RAGAZZA CHE MI DIEDE L'IMMAGINETTA DELLA
MADONNA DI THIALJINA MI AVEVA DONATO UN ROSARIO
CHE IO GIRANDO LA CROCE LESSI : MEDJUGORJE ;
QUESTO MI FECE CAPIRE CHE LA MADONNA VOLEVA CHE IO
ANDASSI LI A TROVARLA E COSI' FECI DOPO UN MESE VI
ANDAI ,DOPO VENNI A SAPERE CHE LA MADONNA DISSE
:NESSUNO VIENE A MEDJUGORJE SE IO NON LO CHIAMO E
DISSE ANCHE CHE LEI ERA NATA IL 5 DI AGOSTO PROPRIO
LA DATA QUANDO IO ARRIVAI PER LA PRIMA VOLTA A
MEDJUGORJE. TUTTE LE 5 VOLTE CHE IO ANDAI A
MEDJUGORJE LA MADONNA MI DIEDE UN FORTE SEGNO
DELLA SUA CHIAMATA,L'ULTIMA VOLTA CHE FU PER IL
TRENTESIMO ANNIVERSARIO MENTRE STAVO DICENDO ALLA
MADONNA COME MAI ANCORA NON MI CHIAMAVA PER ANDARE
A MEDJUGORJE PER IL 24-06-2011 VISTO CHE GIA'
ERAVAMO VERSO IL 15-06 GUARDANDO LA TV TROVAI UN
CANALE DOVE STAVANO PARLANDO DI MEDJUGORJE E QUANDO
FECERO VEDERE LA BELLISSIMA IMMAGINE DELLA MADONNA
DI THIALJINA MI USCI DAL CUORE CON UNA FIAMMA
D'AMORE PER BENE 7 O 8 VOLTE LA PAROLA
:MAMMA,MAMMA,MAMMA … SENZA CHE IO CI AVEVO MESSO LA
VOLONTA' ERA LO SPIRITO SANTO CHE MI ANIMAVA A
DIRE MAMMA ALLA MADONNA,QUESTO RAPPORTO SPECIALE
CHE HO AVUTO CON LA MADONNA A MEDJUGORJE E CON LA
SUA IMMAGINE DELLA MADONNA DI THIALJINA CHE E'
STATA SEMPRE IL MEZZO CHE LA MADONNA HA USATO PER
CHIAMARMI A MEDJUGORJE MI HA FATTO MOLTO MEDITARE
SULLA CHIESA CHE LEI VUOLE A PORTO EMPEDOCLE E
VISTO CHE QUI A P. EMPEDOCLE LEI SCHIACCIO' LA
TESTA AL SERPENTE ,QUALCOSA MI DICE CHE NON SOLO
VUOLE UNA STATUA SIMILE A QUELLA DI THIALJINA(E'

UNA STATUA DELL'IMMACOLATA CHE SCHIACCIA LA TESTA
AL SERPENTE) MA ANCHE LA CHIESA UGUALE A QUELLA DI
MEDJUGORJE;INFATTI NEL 2010 IO AVEVO INTENZIONE
ANDANDO A MEDJUGORJE DI PRENDERE BENE IL COLORE
DELLA CHIESA E LA SUA FORMA E MENTRE STAVO
FACENDO QUESTO, UN SIGNORE AMERICANO, STAVA
FACENDO LO STESSO ANCHE LUI, SOLO CHE LUI ERA PIU'
EQUIPAGGIATO DI ME,   INFATTI AVEVA PORTATO CON SE
TUTTI I COLORI DEL GIALLO PER TROVARE IL COLORE
PIU' IDENTICO ALL'ORIGINALE ,IO GLI CHIESI IL
PERCHE STAVA OSSERVANDO I COLORI DELLA CHIESA E MI
DISSE CHE VOLEVA COSTRUIRE IN AMERICA UNA CHIESA
IDENTICA A QUELLA DI MEDJUGORJE.

IL LIBRO DELLA SAPIENZA DEL DIVINO VOLERE E DEL
PADRE, FONTE DI OGNI VERITA'

LA SAPIENZA DEL PADRE E' UNA VERITA' ASSOLUTA CHE
NESSUNO PUO' CONTRADDIRE ,E SE ESTISSE AL MONDO
UN TALE CHE DICA DI ESSERE PIU' SAPIENTE DEL
PADRE CELESTE,E' UN MENTITORE CHE E' STATO
ABBAGLIATO DALLA STESSA SAPIENZA DIVINA E VA
BARCOLLANDO SENZA TROVARE UN POGGIO PER POTER
RIMANERE IN PIEDI. ALLA FINE SI SENTIRA'
UBRIACATO DAL SUO VELENO CHE E' USCITO DAL SUO
STESSO CUORE E DALLA SUA MENTE CHE VOLEVANO
OPPORSI AL SOLE DEL DIVINO VOLERE; IN EFFETTI SE
UN TALE VORREBBE SFIDARE IL SOLE, FISSANDO IL SUO
SGUARDO IN LUI, SENZA AVERE NEI SUOI OCCHI LA LUCE
DEL SOLE IN SE STESSO, RIMARRA' UBRIACATO DALLA
LUCE SOLARE;LA SUA STUPIDITA', LO HA CONVINTO A

SFIDARE CIO' CHE L'OCCHIO SUO NON POTEVA
SOPPORTARE, PERCHE' NON ERA FORTEMENTE LUMINOSO
COME LA LUCE SOLARE E PERCIO' E' STATO MESSO AL
TAPPETO DALLA SUA STESSA STUPIDITA' DI ANIMO E
DALLA POTENZA DEL SOLE, MA CHI SI FA LUMINOSO
COME IL SOLE ,POTRA' GUARDARE IL SOLE, E UNIRSI
A LUI STESSO, PERCHE' E' DIVENUTO SIMILE AL SOLE
E NON GLI RECA NESSUN FASTIDIO LO STARE VICINO
AL SUO SOLE CHE LO HA ALIMENTATO A POCO A POCO,
ATTRAENDOLO SEMPRE PIU' VICINO A SE; COSI' FA
IL PADRE NOSTRO CON I FIGLI SUOI PIENI DI
CONFIDENZA E AMORE SOLO IN LUI, PERCHE' QUESTI
FIGLI LO HANNO AMMIRATO DA SEMPRE ED HANNO
DESIDERATO SEMPRE DI UNIRSI A LUI; LUI LI HA
ACCOLTI NEL SUO REGNO DI LUCE E LI HA RESI LUCE,
RAGGI DEL SUO VOLERE; QUESTI RAGGI, NON VOGLIONO
PIU' LE COSE CHE NON SONO LUCE COME LORO, E SE
SI AVVICINASSE A LORO QUALCHE NUBE NERA, NON
RECHEREBBE LORO ALCUN DANNO O ALCUNA DIMINUZIONE
DI LUCE ,ANZI LA NUBE STESSA DIVERREBBE BIANCA E
POI SI DISSOLVEREBBE AL CALORE DI QUESTI RAGGI
DIVINI.

LA SAPIENZA DEL PADRE AMA TUTTI NOI, SUOI FIGLI,
SENZA DISTINZIONI , MA DARA' AD OGNUNO CIO' CHE
AVRA' MERITATO CON LE SUE OPERE DI BENE PER COME LO
ABBIAMO AMATO E FATTO AMARE DAGLI ALTRI , PER
QUANTO ABBIAMO SOFFERTO PER LA SUA GLORIA E LA
GLORIA DEI NOSTRI FRATELLI CHE SONO IMMAGINE DI
DIO PADRE. SE UNO NON VORRA' ANDARE NELLE
BRACCIA DEL PADRE DOPO LA SUA VITA TERRESTRE,
NEMMENO IL PADRE LO VORRA' CON SE NELLA SUA
GLORIA , PERCHE' IL PADRE AMA TUTTI, MA CHI NON
LO AMA ,LO AMAREGGIA ,E LUI NON VUOLE UN ANIMA
CON SE , SENZA CHE L'ANIMA VOGLIA STARE CON LUI
NELL'ETERNITA', SAREBBE UN PESO AL CUORE UN ANIMA
CHE NON VOGLIA CORRISPONDERE ALL'AMORE; COSI'
FINI' LA STORIA DI SATANA E DEI SUOI SATELLITI
CHE NON HANNO VOLUTO AMARE IL VOLERE DEL PADRE

ETERNO E BENEDETTO NEI SECOLI; SE LO AVREBBERO
DESIDERATO CON IL CUORE SINCERO, I DEMONI ,
NESSUNO DI LORO SAREBBE ORA ALL'INFERNO,MA
SAREBBERO STATI PERDONATI E SALVATI; GUAI A VOI
IPOCRITI CHE PARLATE DI AMARE DIO E NEL VOSTRO
CUORE AMATE SATANA CHIAMANDOLO CON IL NOME DI DIO E
DI PADRE, VI RITROVERETE CON CHI AVETE AMATO
NELL'ULTIMO GIORNO.

La Divina Sapienza come un fiume in piena si
espanderà fino a coprire tutta la terra; chi si
abbasserà sarà riempito di più per quanto si è
abbassato, cioè spofondato nell'annullamento del
suo umano volere, chi invece si è innalzato
troppo nel suo orgoglio nel suo umano volere ,non
godrà dei beni che questo fiume porta con se,
che sono beni infiniti ed eterni come il Padre
eterno e buono che è immenso ;il Padre nostro
è un Dio geloso, non nel senso umano geloso,
ma nel senso Divino,cioè, è talmente pieno di
Amore infinito che non può stare senza la sua
creatura affianco a Lui anche se l'anima non lo
pensa mai ,il Padre la pensa sempre come un uomo
geloso della moglie che la segue ovunque vada; Dio
cerca come fa l'uomo geloso, di distorgliela dal
guardare i suoi amori infedeli, che non la
possono mai appagare realmente, ma la vogliono
solo ingannare come fanno gli amanti di una donna
che la usano per passioni carnali, ma no per vero
amore ; satana è questo amante infedele vuole
distogliere l'anima dall'amore puro, dal suo vero
ideale di amore, ma la povera anima se non
disprezza questo essere ingannatore non potrà
mai pensare a Dio, perchè chi lascia il male
trova il bene , chi lascia satana trova Dio
,altre vie non ve ne sono, o Dio o satana ,il
bene o il male, sorella povertà o i piaceri del
mondo corrotto , o pura realtà di vita felice con
Dio o miraggi continui che non appagano mai con
satana, a voi la scelta o Figli dell'Altissimo

,gloria immensa e pura con il vostro celeste Padre
buono e tenero o ignominia con i vostri demoni
all'inferno.

   La sapienza è un dono che giustifica l'anima
davanti a Dio, perchè Lei risiede dove c'è un
cuore puro che vuole seguire le orme del Padre
sempre buono e tenero, chiunque la chiami, lei non
si farà attendere molto, perchè la sua gioia, è
stare con gli uomini ,perchè nella loro umana
debolezza vuol creare l'onnipotenza fino a dove
creatura potrà contenere e si riempiranno come
vasi le anime dei giusti che porteranno la
conoscenza di Dio e la pace vera.
L'amore Divino è come un forno che cuoce il
pane alla giusta temperatura per renderlo più
buono possibile, chi non vuole entrare
nell'Amore Divino diverrà pasta agra e lievito
ma non sarà mai buono per essere gustato.

   La sapienza figlio mio è la luce dei tuoi passi
e delle tue opere, se manca non potresti più
operare bene e il bene ,ma tutto diverrà per te
difficile da gestire; la sapienza avanza in te, se
svuoti il tuo essere del tuo volere umano; la gente
che parla assai è senza meta e va alla deriva; la
persona che ragiona non ha tempo per
chiacchierare deve studiare la sapienza dentro di
se, deve conoscerla sempre meglio di prima perchè
capisce che è un tesoro inestimabile; con la
vera sapienza Divina le porte ti si apriranno
con la forza della tua mente che studierà in Dio
tutte le mosse opportune per fiaccare l'avversario
malvagio e derubarlo di tutto il bottino che
aveva rubato a Dio; la sapienza è vera e pura , è
cristallina e fa vedere tutto come veramente è
la vita , le cose e le persone senza ombra di
incertezza ,perciò chi la percorre, camminerà
senza ostacoli e timore di sbagliare; se un uomo,

la cerca, lei si fa trovare, se la desidera, lei dice :eccomi io voglio vivere dove c'è il desiderio vero di me. La sapienza è dura come una roccia per gli stolti   e non la possono mai trovare ; la stoltezza è la loro falsa sapienza che divorerà tutti i loro parventi averi miserabili; un frutto di pace e gioia per chi trova la vera sapienza, lei guiderà tutte le loro azioni benedicendoli e facendoli riuscire tutti nella loro impresa di conquista; se uno pensa al cibo come può pensare alla sapienza? Forse che la si trova nel cibo ,forse che la si trova nell'inganno e in qualsiasi peccato? Non si trova piuttosto nelle buone azioni che spianano la via della conoscenza del bene e del male?;la verità è dolce e gustabile più di tanti dolci ben preparati da artefice mani; ogni verità ha un gusto più bello e buono dell'altro , chi conosce la verità non andrà a sbattere contro nessun ostacolo perchè la luce lo segue sempre e le illumina il cammino anche se tortuoso al massimo;non ti avvicinare troppo al malvagio per paura del contagio spirituale che la sua anima tenebrosa esala da se stessa; vai in cerca di chi ti può ascoltare e mettilo sempre alla prova ,può essere un nemico ben mimetizzato per ingannarti insieme al suo padrone, il maligno; la pace è meglio se la gusti nella solitudine e nella preghiera assidua , ti conforteranno Dio ,i Santi e gli Angeli e ti istruiranno meglio di qualunque sapiente sulla terra ,inoltre non rischi di incappare in tranelli del maligno che manda i suoi scagnozzi per devastarti;se vedi un uomo peccatore e vorresti aiutarlo a salvarsi vedi se ti ascolta senza impedimenti ,se si chiude come un guscio lascialo stare, può essere solo un uomo senza volere di Dio in eterno,se ti ascolta con attenzione, ma senza umiltà e invece vuole insegnare a te la sapienza senza che ne ha la facoltà, può essere un mentitore seguace del maligno; se ti ascolta ma non ti da retta e continua la sua corsa nel peccato può essere l'uomo giusto da salvare; allora pazienterai e pregherai il Signore che spiani il tuo cammino per salvare persone come lui, duri come la pietra ;una volta che hai vinto un uomo cosi' duro a convertirsi, ti avrai fatto l'ossatura forte per convincere tutti i peccatori a tornare all'amore di Dio Padre che li attende a braccia aperte senza intenzioni di punire nessuno, ma solo di perdonare e condonare i debiti enormi di tutti i figli suoi che lo cercano per salvarsi.

L'amore è sorella della sapienza ma la Divina Volontà è il motore di tutte le virtù ; se vuoi essere sapiente, cerca sempre di seguire ed unirti alla Divina Volontà in tutte le tue azioni, rinnegando per sempre il tuo volere umano farai spazio ad Essa; lei ti darà tutto quello che possiede, specialmente l'amore e la sapienza Divina; quando devi operare chiamala sempre nelle tue azioni, la Divina Volontà, e lei verrà senza dubbio, e ti renderà una delle creature più belle del suo regno glorioso, ricco di tutto quello che desideri di buono, sarai come l'onnipotente, che può tutto , perchè la Divina Volontà ti ha fatto suo per sempre, e si farà Lei stessa, tua per sempre.

Il Padre celeste è un essere senza nessun male ne inganno; in Lui trovi solamente infinita pace e gioia ,perdono senza fine e una sicurezza talmente alta che ti senti senza problemi ,ne oppressioni che ti possano recar fastidio; in cielo non esiste nessun problema, nessun pensiero fastidioso che possa toglierti la pace, cosi' il Padre vuole che anche sulla terra vi sia questa pace e gioia senza fine perchè come Lui sta in cielo ad illuminare e riscaldare d'amore tutti i Santi e gli Angeli, ugualmente ,cosi' fa sulla terra, ma l'umano volere ed il peccato, fanno da nubi davanti al sole Divino, che non può arrivare a farsi sentire dalla sua creatura prediletta per via di queste nubi che l'anima stessa ha messo davanti a Dio. Allora togliamo via questi malvagie nubi davanti a Dio e vedremo il mondo pieno di pace e gioia senza fine, con una luce che illuminerà qualsiasi cosa faremo, ed un amore, che ci farà avanzare in modo sempre più sorprendente verso la santità del Divino Volere; diciamo al nostro Dio che non vogliamo più avere il nostro umano volere ne il peccato, ma solo la sua Volontà Santissima in tutte le nostre azioni interne ed esterne ; il nostro pensiero fisso sia, fare tutto in unione alla Divina Volontà e amare il Padre sempre buono e tenero ,lo Spirito consolatore e santificatore della nostra volontà e Gesù nostro salvatore e fratello.

La sapienza viene nascosta a gli ignoranti, ma a chi si impegna a conoscerla con lealtà d'animo la trova facile da trovare e pronta a farsi conoscere come un libro aperto; la sapienza è un tesoro senza prezzo, perchè chi la possiederà governerà i popoli e li renderà ricchi di conoscenza , salvezza e di beni abbondantissimi d'ogni genere ; chi è sapiente, è anche prudente e pronto alla risposta, perchè chi ama la sapienza, in verità la conserva nel suo volere con molta attenzione, e non lascerà mai che il nemico gli e la rubi via dal cuore; chi è veramente sapiente, sa che la sapienza se data ad altri è un bene che si moltiplica a vantaggio di tutti perciò è molto meticoloso a farla conoscere nei suoi particolari a tutti i giusti; chi è geloso della sua fasulla sapienza umana la tiene per se e non per gli altri, perchè questo tipo di sapienza non è benedetta da Dio ed è vana e porta alla morte dello spirito; la sapienza spirituale la si conosce dalla sua leggerezza ,dal suo amore , dalla sua pazienza in ogni avversità, dalla sua prontezza di risposta , dalla sua capacità di risolvere qualsiasi enigma e di sciogliere qualsiasi nodo le si ponga davanti per ostacolarla. La sapienza spirituale penetra le menti e legge ogni dettaglio del cuore e dei pensieri ; non c'è cosa che possa respingerla indietro o farla arrendere, perchè è di natura Divina e può tutto; benedizioni infinite salgono alle anime che in unione di Volontà con Dio la possiedono in loro e scrutano ogni cosa che vi sta attorno alloro, comprendendo subito dove devono e come devono agire per sciogliere ogni problema.

Un uomo sapiente è la gioia del discepolo che cerca Dio e vuole imparare tutto da un uomo sapiente pieno di verità ; chiunque vuol essere sapiente legga i libri della Bibbia, i libri dei grandi santi perchè la sapienza è un dono di Dio che la concede ai più prediletti e di buona volontà ;Dio non darà la sua sapienza ad un suo nemico che potrebbe usarla per danneggiare la gloria di Dio e i suoi figli diletti;bussa e ti sarà aperto, chiedi e ti sarà dato, cerca e troverai la sapienza, ma non ti stancare facilmente, non è con la debolezza che puoi costruire una casa alla sapienza, ma su una volontà di ferro,tenace ,audace e persistente; le mura di questa casa saranno incrollabili e la sapienza farà eterna dimora negli spiriti risoluti e volenterosi.
 Gli stolti prosperano , diranno i deboli di fede ,e noi dobbiamo reagire con lo stesso pugno di lotta dei malvagi; invece è quello che vuole il diavolo cercare di convincere tutti che il male è l'unica forza per vincere e conquistare, ciò che appare oggi vincente domani si vedranno le basi e

tutta la sua torre di certezze in frantumi al primo colpo di vera prova; una casa stabile deve essere omologata ,provata e come si prova un anima se è veramente degna di essere dimora della verità e della vera sapienza di Dio? Come la si mette a dura prova? Se i suoi frutti sono duraturi nel tempo, se non si ferma mai nel svelare i segreti Divini ,se opera nel bene e mai nel male, se lascia pace ,tranquillità, forza e virtù nel cuore ,questa è la vera sapienza ,ma la falsa sapienza dei falsi è l'opposto di essa ,è fragile come i castelli di sabbia, è vaga e non conclude mai il senso di quello che vorrebbe spiegare, perchè non ha un vero senso razionale ma solo parvenza, chiunque si dilunga nei discorsi senza che vi sia una sincera voglia di trarre una conclusione del discorso per il bene altrui ma vuole solo esprimere con molte parole la sua capacità di linguaggio falsamente moralistico, è solo un retorico ,un impostore che non avendo un cuore , tira parole che possano sembrare moralistiche, dalla sua mente offuscata, dal suo forte egoismo personale,e quest'uomo è una disgrazia per la società e fra i politici e i predicatori della Chiesa: sacerdoti ,vescovi e cardinali ve ne sono in sovrabbondanza ; ricordate sempre che chi ha la vera sapienza, ama anche molto, e quindi le sue parole , li tira dal profondo del suo tenero cuore, come fa Papa Francesco e come faceva il carissimo Padre Pio, Papa Giovanni Paolo II e i Santi tutti di Dio; chi è un retorico di parole vuote senza amore e senza senso di verità, è un impostore che cerca di ingannare le persone, aggiungendo alla sua grandissima pasticciata molto zucchero pensando di fare un buonissimo dolce solo con l'aggiungere tutto quel zucchero, ma sappiamo che i veri dolci, non si fanno solo con molto zucchero, che altresi', può essere molto indigesto e pericoloso per la salute quel falso dolce, ma scegliendo gli ingredienti che si

legano bene fra di loro, misurandone con somma
precisione le quantità , i tempi, e altri fattori
che, se non sono ben congeniati, il risultato sarà
catastrofico di tutta l'intera opera culinaria.

Il Padre fonte di ogni dolcezza è vicinissimo ad
ogni anima che lui sa,che si salverà primo o
poi;sta affianco a te oh uomo, come una
tenerissima madre che segue da vicino il suo
bambino che cammina in piedi e con incertezza, e
la mamma si pone dietro a lui nel caso potesse
cadere malamente;cosi' il Padre buono lascia ad
ognuno di noi di camminare per la sua strada che
ha scelto anche se ci può portare in pericoli
grossi ;lui per la sicurezza del suo pargolo
figlio si mette sempre vicino per proteggerlo
dalla rovinosa caduta verso l'inferno e ci riesce
sempre a salvare i suoi figli quasi perduti nel
male, perchè noi abbiamo un Padre che può tutto e
trova sempre nella sua infinita sapienza e saggezza
l'aiuto più appropriato per ognuno dei suoi figli;
non può il Padre abbandonare il figlio suo in mano
a satana, perchè la sua tenerezza per ognuno di
noi è talmente infinita che trova sempre la maniera
di far prevalere la sua infinita misericordia
sulla sua giusta giustizia, ma a volte i dolori
sono necessari ,ci faranno capire che il male è
un pericoloso nemico da evitare a tutti i costi e
subito, per non subire la cancrena del peccato
nell'anima che è tanto dolorosa e triste.
Anche i bambini sulla loro strada a volte
incontreranno dei pericoli che poi con l'esperienza
accumulata potranno evitarla, e le mamme a volte
permettono anche loro che i loro figli incontrino i
primi ostacoli e imparino da soli ad evitarli ;
cosi' cresceranno attenti e informati di che
cosa e da chi devono stare alla larga per non

avere incontri dolorosi nel loro cammino
fanciullesco.

La verità lascia ampi spazi di agire nel bene,mette
ordine ed aggiusta ogni cosa pericolante; la verità
ci porta frutti di pace e gioia infinita se
perseguita con ogni mezzo buono e santo; l'uomo
retto ha gustato il frutto di pace che le ha
portato la strada della verità, e cammina sempre su
questo sentiero dritto e sicuro dove nessuno può
ingannarti e condurti ad una strada tortuosa che
porti nei pericoli e dove c'è di tutto per
perdersi e morire ; il diavolo segue e vuol far
seguire ad altri la menzogna, facendo riuscire
molte opere nella menzogna e nell'inganno, ma
queste strade che sembrano ampie e sicure di
successo, in realtà, si mostreranno presto per
quelle che sono realmente, cioè pieni di pericoli,
e molti istupiditi dal peccato e dall'influenza
dei demoni le stanno percorrendo, producendo
malessere in tutti gli ambienti della vita
dell'uomo; un uomo saggio sa, che dopo la sua
tribolazione, raccoglierà frutti abbondanti di
benedizione Divina, la sua opera crescerà piano,
ma nel lungo tempo i frutti saranno
abbondantissimi e di ottima qualità; d'altronde
sappiamo che chi vuol raccogliere subito i frutti
della terra mette tanti prodotti chimici che alla
fine renderanno il frutto di pessima qualità e
porteranno distruzione del sistema naturale con
conseguenze disastrose per l'agricoltura e per la
salute; invece chi opera con mezzi naturali non
modificati dall'uomo avrà dei prodotti
buonissimi che varranno molto di più di quelli
pessimi raccolti con sistemi di inganno e
veloci; cosi' è anche la vita di ogni anima che
opera nell'inganno o nella verità,l'inganno per
l'avidità che ha in se ,userà sempre metodi
veloci e dannosi per tutti , mentre la verità
userà metodi apparentemente lenti e buoni per la

salute dell'anima e nel lungo andare raccoglierà la fiducia di tutti e i suoi frutti saranno nel lungo tempo sicuri e infiniti; non si dice giustamente chi va piano va lontano!?

La Divina Volontà è e deve essere il motore di tutto il nostro essere , di ogni nostra azione ,dobbiamo invocarla e desiderarla e Lei ci verrà subito all'incontro, perchè geme le doglie del parto dopo un cosi' lungo tempo di aspettare i suoi veri figli dentro di se, adesso che ha dato a Luisa Piccarreta le sue rivelazioni per fare che la si desideri di nuovo, non vede l'ora di creare i suoi veri Figli che le daranno tutti i loro atti dentro di se e Lei potrà essere finalmente di nuovo madre dell'uomo dopo che aveva perso la sua maternità nell'Eden per colpa dell'uomo che l'abbandonò. I tempi sono maturi ,è giunta l'ora di dare alla luce questi cari e prediletti Figli del Divino Volere.

La pace matura, quando un uomo vuole fare solo silenzio nella sua anima, per ascoltare la voce silenziosa di Dio nel suo cuore; la meditazione della parola di Dio porta ancor più pace nel cuore, tantissimo di più la lettura dei libri di Luisa Piccarreta che sono l'essenza della vera pace e di tutte le altre virtù messi insieme. La pace vera chiede all'uomo di essere sempre attento a non lamentarsi e di combattere il male con ogni mezzo buono e saggio, con la preghiera e con la dovuta furbizia,la pace è un dono che porta ad amare; infatti chi odia non tiene molta rabbia in se? cosi' l'uomo pacifico sta in pace con tutti perchè desidera solo amare e saper amare ancor di più perfino i propri nemici; la pace ha un nemico acerrimo e crudele che si insinua abilmente nel cuore e nella mente dell'uomo ;questo nemico si chiama lamento; il lamento ti corrode a poco a poco la pace che avevi stimato come un bene preziosissimo, perchè il lamento è un precursore dell'odio; se vuoi amare tanto, stai in contemplazione e medita la parola di Dio, specialmente i libri di Luisa che contengono la virtù del Divino Volere che racchiude tutte le altre virtù messe insieme;perdona di vero e gioioso cuore,perchè il Padre che è nel cielo , ovunque e affianco a tutti , vuole rendere fiamme di vero amore tutti i cuori degli uomini; la sua gioia è , vedere i suoi figli che sanno amare i propri nemici e tutti. La pace è l'albero del bene che inizia a crescere e i suoi frutti quando sarà abbastanza grande, saranno molteplici e dolci più che miele ; trova la pace sempre in te e troverai la sicurezza ,l'ordine ed il coraggio di affrontare tutto e di sciogliere ogni nodo che ti si presenta davanti ; la pace e la prima arma che l'anima usa per sconfiggere le tentazioni del maligno che opera nel tentativo di farvi perdere la pace e la tranquillità per poi passare a tentarvi sull'odio e sulla rabbia questi due mali portano l'anima ad agitarsi e a far risalire dalle sue acque cristalline tutta la sabbia del fondo che intorpidirà tutto il suo specchio d'acqua non facendo più intravedere la luce che prima di agitarsi mostrava le sue bellezze cristalline e tutto ciò che di bello si muoveva in questo specchietto d'acqua pura,cioè tutte le qualità e virtù di quest'anima , ma che dopo l'agitazione si è intorpidita e come accecata in tutte le sue virtù che non trovandosi più, per via dello sporco che è risalito dal fondo dell'anima, va camminando a tentoni e barcollando verso la stabilità che ritroverà solo usando tutte le sue forze per ristabilirsi nella pace, nella gioia e nel perdono.

La gioia vera è una virtù che la si ama da tutti ma molti invece di cercarla cercano la tristezza che si fa trovare in ogni peccato e nel fare il proprio volere ,perchè la vera gioia è quella che si trova solo in Dio e nel compiere la sua adorabilissima Volontà che contiene tutti i beni di Dio; la gioia è anche un ottimo stimolo per avanzare nella santità perchè è un dono dolce che toglie ogni amarezza all'anima che è sottoposta a tribolazioni d'ogni genere dal malino e dai suoi figli ; chi porta la gioia a gli altri, porta la vita di Dio , degli Angeli e dei Santi che staranno affianco a coloro che accolgono con gioia Dio nel loro cuore.

Sii gioioso anche nelle più tremende tribolazioni e prove che il male ti scaglia addosso e conquisterai tutte le beatitudini che ci sono in cielo già su questa terra e tutte le potenze divine di Dio, perchè la gioia vera è quella che ti fa stare in pace e forte nelle vere e tremende tribolazioni che il maligno ti scaglia addosso con i suoi seguaci figli tenebrosi; niente può colpire o ferire nell'anima un uomo che si mantiene indifferente a tutti gli attacchi che le si muovono contro e che mantiene sempre in se la pace, la gioia , la dovuta furbizia e prudenza per allontanarsi dal fuoco nemico giusto in tempo per non rischiare mai di subire un danno che da piccolo può divenire in poco tempo grandissimo come una piccola falla in una imbarcazione che se arrivano colpi più forti delle precedenti allarga di più la falla e tutto il carico con la barca va perduto per sempre nel fondo del mare.

Ricordati che per non subire il male e i suoi colpi d'attacco devi chiudere tutte le porte dell'anima e del corpo, ; non guardare il male che si commette nel mondo perchè ha un potere spirituale di affascinarti ed inquinarti senza che te ne accorgi e a volte anche se lo disprezzi assai è sempre leggermente pericoloso; l'uomo si nutre di quello che vede ,che sente e di quello di cui sta parlando, perciò se vuoi mantenerti nella Divina Volontà ascolta le sue lezioni che ha dato a Luisa Piccarreta, guarda le azioni Divine di Gesù ,Maria e Luisa nella loro vita e nei tuoi pensieri, con la contemplazione della loro vita e parla sempre di loro e delle verità eterne della Divina Volontà date a Luisa, ma alle persone giuste ,non a chi ti manda il maligno, perchè perfino le loro vesti trasmettono negatività, tanto più i loro sguardi demoniaci, le loro voci e parole sono armi del maligno per confonderti e penetrare nella tua anima e nella tua vita; ti accorgerai infatti che quando hai parlato con la persona sbagliata se ne presenta subito un altra dello stesso genere, ma se parli con una persona che è predestinata alla gloria di Dio, te ne arriverà un altra dello stesso genere davanti, mandatati da Dio, perchè ciò che appartiene a Dio, viene toccato dal dito di Dio, e ciò che appartiene al maligno viene toccato dal dito del maligno.

L'amore puro senza inganno o macchia di peccato da vigore ,gioia ,pace e leggerezza di spirito ,tant'è che tutti vorrebbero amare, ma vogliono anche odiare certe persone, questo non può mai portare al vero amore che è crescente, ma ad un amore falso di poca durata , ecco perchè le coppie sposate si separano subito, non hanno il vero amore che viene solo da Dio; il loro piccolo cuore umano non sa amare il prossimo in continuazione e in crescente perchè non ha lo spazio per farlo, tant'è piccolo nella realtà; ecco che i cuori piccoli diventano più che reali dei sognatori di amori mai raggiunti, e vanno sempre in cerca di nuovi amori, per provare a saziare la loro frenetica fantasia di conquistare la persona giusta per loro. L'amore di Dio è come una fiamma accesa nel cuore dell'uomo in continuazione che lo purifica dall'odio, dalle tendenze passionevoli e peccaminose, e lo tiene sempre puro, limpido, umile, sincero gioioso e pacifico, cosi' l'uomo dopo aver conosciuto il vero amore che bramava il suo cuore si è realizzato nella verità, perchè solo Dio è amore e pace vera e l'anima non si allontanerà mai più da questo fuoco acceso dall'amore di Dio, cercandolo in continuazione per nutrirsi sempre di più e trovare nuove beatitudini celesti nel proprio essere ormai felice in Dio; l'amore è il fondersi in una cosa sola con l'altro amato e quindi non c'è l'egoismo e amor proprio, perchè l'amore vero ti fa vedere gli altri come un altro te stesso e molto più di te stesso, fino al punto che dai la tua vita per salvare quella dell'amato; l'amore non conosce ostacoli, è una virtù che ti fa essere coraggioso senza limiti , perchè è talmente bella e amabile che vale la pena sopportare ogni affronto e tribolazione per difenderla.

Nessuno potrà essere mai felice senza l'amore vero che viene da Dio; senza amore di Dio mancano tutte le gioie ,la pace , la tranquillità, la voglia di lottare e sopravviene la fine dell'anima , la morte; se uno ama in Dio, starà bene anche il suo corpo ,perchè la mente non penserà a tutti i problemi della vita e si manterrà sempre nell'ottimismo che Dio riparerà tutte le falle che si possono creare nella vita di un uomo e il cuore ne beneficerà per la pace che la mente umana avrà acquistato con la fiducia in Dio ed il corpo starà anche lui bene, perchè se staranno bene la mente ed il cuore anche il corpo ne otterrà benefici da questa situazione;inoltre chi sarà puro da peccato avrà sempre l'aiuto invisibile di Dio per la salute anche del suo corpo a meno che Dio ne voglia fare un portento di pazienza e di santità dell' anima, mettendola in mezzo a un mare di tribolazioni come fece con Maria e Luisa, ma anche in mezzo a tante croci si avrà sempre l'intervento di Dio per ogni singolo problema di un anima santissima che vuole vivere dentro il Divino Volere, e con il tempo si adatterà a tutte le situazioni e le croci che Dio sempre buono le manda per la salvezza degli altri e per darle sempre più grazie infinite; d'altronde ad un anima santa le basta solo la Divina Volontà in tutti i suoi atti e l'amore di Gesù, del Padre e dello Spirito santificatore per essere sempre felice anche in mezzo a tante prove ed amarezze della vita. In effetti non è la salute che fa stare felice un anima ,ma l'amore che sente forte nel suo cuore ed il sentirsi dentro la Volontà di Dio che gli da piena confidenza e fiducia in Dio, perchè la sente fin nelle più intime fibre dell'anima e sa con certezza che non sarà mai abbandonato dalla Divina Volontà che invece la sorregge in tutte le sue azioni, guidandole e plasmandole nella Divinità, e l'anima cosi' si sentirà dentro una potenza infinita ed eterna e come mai potrà allora dubitare del soccorso che la Divina Volontà gli prepara atto dopo atto della sua vita?.

L'amore è la più bella cosa che esiste nell'uomo e in Dio, perchè ti porta tutte le gioie Divine nel cuore ,è apportatrice di pace immensa e serenità ,fiducia piena di una vita senza più problemi in avvenire nel cielo, e a sprazzi anche sulla terra si gioirà immensamente come quando una anima si vede arrivare il sospirato premio delle sue fatiche e tribolazioni vedendo il suo prossimo che inizia a credere nell'aiuto di Dio e nella speranza certa che Dio esiste e ci ama senza limiti e ci ha perdonato tutte le nostre colpe già prima che noi ci pentiamo amaramente di averlo offeso e di avere offeso il suo infinito amore e la sua Divina Volontà che ci da la vita atto dopo atto senza mai smettere, anche quando non lo ringraziamo mai di tutti i benefici che ci da sempre. L'amore vero ci rende eroi senza paura, specialmente verso il nostro Dio e con il suo amore lo difenderemo da ogni offesa che gli arriva dai peccatori, mettendoci d'avanti noi, con i nostri atti puri come degli scudi per non fargli sentire nel cuore ,nella mente, nei sensi del nostro Gesù tutte le parole di bestemmie e di discorsi impuri, tutti i passi che gli uomini fanno per compiere il male e cosi' il male che fanno con i loro sguardi e con il loro udito e con tutte le forze umane,perchè l'amore vero non conosce limiti di sopportazione,tutto può ,tutto spera, tutto perdona, tutto copre, tutto scusa, tutto indaga, tutto scopre , tutto opera nella gioia e nella pace, ma ricordati che l'amore vero, lo da solo Dio.

PREGHIERA DI SANTA GERTRUDE che può liberare mille anime dal purgatorio e salvare mille anime ancora viventi sulla terra, dalla dannazione eterna

Nostro Signore disse a Santa Geltrude la Grande che la seguente preghiera libererebbe mille anime dal Purgatorio ogni volta che venga detta con amore. La preghiera è stata poi estesa anche ai peccatori viventi.

Eterno Padre, io offro il Preziosissimo Sangue del Tuo Divin Figlio, Gesù, in unione con le Messe dette in tutto il mondo, oggi, per tutte le Anime sante del Purgatorio per i peccatori di ogni luogo,

per i peccatori della Chiesa universale, quelli
della mia casa e dentro la mia famiglia.
Amen

PREGHIERA DI SANTA GERTRUDE che può liberare mille
anime dal purgatorio e salvare mille anime ancora
viventi sulla terra, dalla dannazione eterna
MODIFICATA DA GIUSEPPE MESSINA

Eterno Padre io ti offro per mezzo di Maria il
preziosissimo sangue del tuo Divin Figlio ,Gesù, le
sue piaghe,lacrime,il suo cuore trafitto,la sua
passione atto per atto e delle 24 ore, tutti i suoi
meriti e atti, in unione con le Messe dette in
tutto il mondo oggi e nell'eternità,per tutte le
anime del purgatorio,per i peccatori di ogni luogo,
per i peccatori della Chiesa universale, per quelli
della mia casa e dentro la mia famiglia , amen, e
la offro a nome di tutti, nella Divina Volontà .

  (questa preghiera lo modificata per arricchirla di
piu' grazie immense ; aggiungendo la parola finale
:"nella Divina Volontà" metto tutta la preghiera
dentro la Divina Volontà e Gesù la sentirà ovunque
perchè la divina volontà si trova ovunque come dice
Gesu' a Luisa Piccarreta ed in vece di dire: " in
unione a tutte le messe che si celebrano ora nel
mondo" io dico : in unione di tutte le messe
nell'eternità" per me e molto meglio perchè
l'offerta del prezioso sangue di Gesù l' offriamo
in unione a tutte le messe passate ,presenti e
future che sono di numero maggiore di quelle
che dice santa Gertrude e ho aggiunto anche
l'offerta di tutto quello che Gesù è ed ha ed ha
fatto come :" il cuore suo trafitto sgorgante
sangue ed acqua come sorgente d'infinita
misericordia per noi e le sue santissime piaghe la
sua passione atto per atto che ha sofferto in
tutta la sua vita e la sua passione finale delle
24 ore perchè leggendo tutte le rivelazione degli

altri Santi come ,Margherita Alacoque sul cuore di
Gesù, di Maria Marta Chambon sulle santissime
piaghe di Gesù, di Santa Faustina Kowalska sulla
passione di Gesù , di suor Amalia sulle lacrime di
Maria, e le rivelazioni sulle 24 ore della
passione di Luisa, mi sono reso conto che ogni
cosa che Gesù ha fatto e patito è importante per
ottenere tutti i tipi di grazia che ci
abbisognano).

POESIE DI GIUSEPPE MESSINA

MARIA MADRE MIA E DI GESU'

OH MIA LUMINOSA STELLA, CHE RIFULGI BEATA PIU' CHE
L'AURORA, CHE IN TERRA SBOCCIASTI I TUOI BOCCIOLI
DI PROFUMI CASTI E I SGARGIANTI TUOI COLORI, DAI
PETALI DEI MILLE FIORI, TI CHINASTI VERSO ME COME
UNA AMATA MENDICANTE DI CUORE, E MI COLMASTI DEI
TUOI AMPLESSI CELESTI DI SPONSALI AMORI!
  SVANIRONO ALLA MIA MENTE LE MIRIADI ANCELLE, DELLE
PIU' BELLE, AL TUO APPARIR RADIOSO SUL MIO FRESCO
TALAMO D'AMOR!
OH CHE IO DORMA E SOGNI FELICE IL TUO LANGUIDO VISO
E GLI OCCHI TUOI CERULEI E LE TUE FRESCHE PURPUREE
LABBRA ROSEE;

AL RINVERDIR DEI CAMPI MI ACCAMPO PRESSO LO
SCROSCIO DI ACQUE TORTUOSE CHE CADONO VIA A CASCATE
IMPETUOSE NEL TURBINOSO MOTO ANSIOSO CHE MI SPINGE
IN GIU' VORTICOSO NEL TUO CUORE DI MARE PLACIDO E
SERENO .
VOGLIO NAVIGAR ,NEL MARE DI MARIA, PER ARRIVAR
FINO AL MIO DIO, CHE STA IN UN ISOLA LONTANA MA
VICINA, OH IO PRENDO SUL MIO PETTO,LA ZATTERA
DELL'AMORE DI MARIA CHE MI PORTA CON IL SUO SOAVE
VENTO IN POPPA, NELL'ISOLA FELICE DEL MIO DIO!

            a Maria unico mio amore

oh Maria belta' in fiore , traluci dai tuoi
innamorati occhi un mare di lucciccanti orrizzonti
mai finiti.
io bramo toccarti e stringerti nelle mie braccia
per sentire il fuoco del tuo amoroso bacio ;ancora
ti cerco e vado sopsirando e domandando: dove' la
mia vergine colombella che saggira tra i boschi
in cerca del mio cuore?

l'ho forse smarrita? l'avete vista?
ah se solo uno dei suoi sguardi io vedessi ,gioirei
per mille anni e mi addormenterei per svegliarmi
nelle sue candide mani ;oh non partire mai piu' mia
innamorata, ritorna presto dal tuo amato che il
tempo e' breve e al tramonto, e l'eternita' e'
prossima a sorgere come un urugano che appare
all'improvviso e porta tutto con se.
o Maria sposa mia cara tutto ti do di me per
prendermi tutto di te e per non perderderti piu'

trasformami completamente in te, vivro' dentro di
te e tu in me e saremo un unico amante cuore!

oh come sei bella oh Maria piena di rugiada
celestiale ,che gronda gocce di luce e di amore dai
tuoi languidi occhi azzurri che pesano piu' di oro
fino , e son piu' luccicanti e valorosi di milioni
di diamanti,;

io delirio d' amore per te, e vado mendicando e
raccogliendo amore dal tuo sguardo pieno di
goccioline d'amore che hai per me che tanto
distante ancora sono dall'imitarti nel cuore e nel
volere;

baci e baci ancora ti mando dai miei sguardi
gioiosi e misericordiosi e so che non potrai

resistermi , volgendomi tanti dei tuoi spasimanti
sguardi che mi rapiranno ancora verso il cielo dei
beati tuoi amanti!

oh gioia del mio cuore apri completamente il tuo
cuore e mostrami i tuoi pistilli d'amore e il miele
del tuo dolce sguardo si coli nel mio pistillo
vergine e casto!

ti schiocco baci ,amori, e baci ancora oh mia rosa
rossa e letale!

baci , baci , baci mia sposa fragrante e
celestiale!

Maria pioggia di benedizioni

Oh Maria dolce madre dei figli in pena, ascolta la
nostra preghiera ,lo scrosci'o della tua santa
pioggia si ode gia' e tutto rinverdisce e

rinasce dei campi bruciati dal soffio letale del
drago rosso; lo stuolo di vergini cantano
all'orizzonte festosi, portando con gioia i loro
fiori con i molteplici petali dai tanti

colori e si inerpicano negli alti monti tra i
notturni luccichii di sfavillanti luci che da molto
lontano sembrano spiriti danzanti ,le loro voci
riempiono il silenzio di nuovi suoni che aumentano
di tono quando ci si va avvicinando e gli animali
escono dalle loro tane incuriositi di tanta si
belta' tua che accoglie con infinita gioia i loro
innocenti affetti

il bacio a Maria

o fiore di Dio, MARIA , ROSA dalle tantissime
sfumature dorate ,la tua verginita' sprigiona soavi
profumi di castita' che mi innamoran ,il tuo
riflesso cristallino proietta belta' mai viste e
sentite che mi innamoran ancor di piu', il tuo
lineare viso angelico mi inebria il cor che spasima
per te d' infinito amor; mi fletto verso te come
una rosa che al sol si inchina per far sfoggiare
alla sua dolce luce la sua piccola belta' fragrante
rosea ed emetto dai miei petali i tantissimi odori
innocenti e puri che cercano in te il loro caro
destino.

petali dai mille colori inebrianti tu sei oh
ancella festosa d'amore ;un di' giocavi d'amore
con il tuo pargolo Gesu', e gli intonavi dal tuo
lancinante cuore le piu' ammirabili note d'amore
che paradisiavano l'alma mia di fulgide stelle e
soli;
sorridi beata dentro l'infinito celestiale
sguardo del vezzoso bimbo che attende i tuoi baci
piu' che il latte tuo materno e sognavi un mondo di
tanti pargoli d'amore come il tuo Signore, ed egli
che tanto languiva per te, ti contento'
all'istante, creando anche me come un suo perfetto
gemello!

IL BUE E L'ASINELLO

Gesu' come eri bello nella stalla di Betlemme li in
mezzo a Giuseppe e Maria e al bue e all'asinello,

giocoso e vezzoso desideravi tutti i cuori dei tuoi
piccoli fanciulli che come Giovanni ti riconobbero,

 il tuo incantenvole viso dolce e frivolo e'
per me il nuovo paradiso,

tu nel tuo divin sguardo leggevi nel cielo dei
tuoi azzurri occhi il mio nome e lo dipingesti
d'oro e non d'argento

 perche' sei ricco d'amore per me e mi conservasti
come un fiore delicato e fragile sul palmo della
tua mano , e mi ponesti alla tua destra innalzato
in alto nel tuo seggio che brilla come mare di
diamanti e zaffiri e la luce di Maria COSI' FORTE
e tenace li fa ravvivare di riflessi e colori come
cascate di luci e d'amore

                STELLA DEL MARE E DEL CARMELO

il mare si ode in lontananza, va la beccheggiante
barca tra le impetuose onde, cercano gli uomini
rifugio la dove c'e' solo fragore di irti monti
d'acqua e il sole che appare all'orizzonte fa
preludere un nuovo tempo migliore ,il vento calar
le sue soffiate maestose lascia spazio al sereno
cielo che vuole rispecchiarsi tra le fitte acque
del mare ,ma appare dove si credeva vi fosse il
sole una dolce figura divina che alza il braccio
per formare nel cielo una grande croce; gli uomini
ringraziano DIO e piangono i loro peccati che li
stavano portando nel fondo di quel turbine di
acque;evviva Maria a lei gloria infinita sempre
sia!

LE TUE LACRIME SONO DIAMANTI PER DIO OH MARIA

quante lacrime hanno conosciuto il tuo viso
,quante lacrime scivolarono festosi e compiacenti
sul tuo amabilissimo viso e uscirono come goccie
di diamanti dai tuoi azzurri e bellissimi occhi
dolci, che orgoglio fu per loro oh Maria uscire
dal tuo amantissimo sguardo cosi' pieno di vita ,
bellezza e di fascino;oh se tutti sapessero come
Dio si inchina pieno di commozione davanti al tuo
pianto, tutti si facessero raccoglitori e donatori
delle tue goccie di perle peziose per pagare i
loro peccati neri come il carbone.lavaci oh Maria
con le tue goccoline d'amore ed imperla le nostre
misere anime col tuo dolcissimo pianto!

nel vespero cantero', Maria ! all'alba mi alzero'
per Maria! nel mio lavoro mi uniro' a Maria e
nelle mie labbra uscira' un solo suono ,Maria! il
mio cuore amera' solo Maria che mi portera' a
conoscere con piu' ardore il mio signore! Angeli
seguitemi nell'amore e andiamo tutti in braccio a
Maria!

(le tenebre scendono ,nella notte dell'umano
volere,
il regno voler conquistar dilagando il loro male,
ma nel cielo un astro nasce: l'aurora mariana che
avanza e dirada le nebbie ,
 le nubi si aprono formando un tappeto di azzurro
cielo
che coi rivoli di luce dell'astro nascente irradia
e riflette tanti bellissimi colori d'oro,
d'argento, rosso rubino, verde smeraldo e azzurro
topazio,
e un iride si forma per conquistare la terra
e donare la tanto sperata pace tra la volontà umana
e quella Divina,
 i cuor degli uomini palpitar all'unisono con i
dolcissimi cuori di Gesù ,Maria e Luisa P.)
(Nel Voler Divin solea alzar ineffabili canti nei
monti e valli
L'eco risuonar di rumor di carri
Guerre dei funesti eventi riecheggiar come bombe
nei nostri cuor
Alzatevi o eroi combattenti come negli antichi
tempi per il Signor,
unitevi nell'Amor e prendete le vostri armi, nella
Santità per distruggere l'eterno nemico infernale
il serpente tentator che avanza nel fuoco delle
campagne di Armagheddon
ove l'ira di Dio lo farà tremar e lo invaderà il
terror per la disfatta che lo coglierà ,
il grido dei bimbi che giocano in festa si ode già
nelle piazze per il nostro trionfar)

(Nei baci miei che do al mio Creator
Si fondono beati i nostri cuor

Che amano il silenzio
Per contemplarsi e scaldarsi nella sua fulgida
luce
Come cera che fonde è l' alma mia,
accaldata dal dolce Amor che mi tiene muto e mesto
come una tortorella
in preda all'Amor,
vado saltando qua e la nel suo Volere come un
giovane cerbiatto attorno alla madre cerva con i
rivoli di luce del candido suo Amor
che mi affogano e inondano;
beata te alma mia che hai conosciuto ed amato il
Signor)

(nei pascoli verdeggianti vado a pascolar
cantando le noti d'Amor al mio Creator,
ramingo e fuggiasco mai più io sia,
perchè il dolce amor di Dio ha ricolmato l'alma
mia;
ora e sempre in Lui io sto ;
nel suo Volere mi fondo,
girando qua e la ,trovo in Dio la vita mia
senza mai più la mia volontà
nel Verbo eterno trasalir la gioia,
nel dolce seno del padre suo uscir la lode
e l'Amor in una ardente fiamma che invade il cuor,
dei cristi che penano ancor in terra
la speranza dell'unione no scemi mai nei loro cuor,
ma come fuoco incendi l'alma nostra di soave
ardente Amor)
(Vergine bella ,in Cielo sei più che stella ,aurora
celestial,
candida rosa, il dolce tuo stelo in Dio posa,
profumo casto e sempre vergine come te l'egual non
se ne trova,
vorrei salire a te o tu scendere a me
per poter gioire con te, l'Amore del Divino Re)
(o dolce Maria bella e tenera ancella ,
vita di stella che nel ciel scintilla,

dagli occhi azzurri che si fondono col mare e il cielo
sopra la fredda terra , copri col tuo manto di Madre vera, la tua prole
che in mezzo alla tempesta in te salvezza spera,
o come non amare il tuo dolce viso o cara madre del paradiso,
dalle tue mani radiose oh infondi le miriadi di grazie gioiose e misericordiose)
(O Aurora del Paradiso, mostra a noi il tuo dolce sorriso,
un bacio dal tuo bel viso mi fan trasalir di gioia,

 come uno sposo affianco alla sua sposa,
come un leggiadro e soave canto il mio spirito in te si riposa,
il tuo infinito sguardo fa fiorir l'Amore nel mio ansimante cuore,
o guarda dall'alto ove tu siedi la tua prole che geme in questa terra deserta,
ove il seme della tua specie germoglia già e il tuo candor di Madre ora in noi riposerà)
(Nel ciel brilla una grande stella ,
sorvolando le valli cuor, nelle profondità si incunea della Divina Volontà
per impetrare al Signor il regno dell'amor,
solea alzar ineffabili canti sull'uscio del Paradiso,
gli Angeli e i Santi la di Lei bellezza ramirar,
insieme a Lei grazie impetrar.
Esce l' Arcangelo Michele con spade luce e fiamme
insieme all'esercito celestial, sopra bianchi possenti cavalli,
che sorvolando la fredda terra calpestano tutto il mal,
vince il leone di Davide col suo manto tinto di rosso,
sulla croce sparso il suo sangue prezioso,
sul suo trono regale siede in eterno l'immolato Agnello,

che dirige il suo popolo con scettro di ferro ,
oh vieni a liberarci o Emmanuele ,Signore della
terra e del ciel)
(O cara Madre di ogni cristo che in terra penano,
aiutali a portare la croce che grava sulla loro
schiena;
radente come un aquila attenta, la tua prol
sorvoli,
sul serpente il tuo piede posa, e dalle tue mani,
e dalle pietre sugli anelli incastonati nelle tue
dita,
partono miriadi di grazie che fanno trasalir di
gioia,
e gli Angeli in Ciel ti coronan;
sull'uscio del Paradiso fino alla terra o soave
Regina ,
tu lasci una scia per indicare ai tuoi figli la
sicura via)
(Rivoli di luce ,dall'alto,
come celeste rugiada di goccioline d'acqua,
come le onde del mar che aumentano il loro
increspar,
nell'atto unico della Divina volontà,
scendono le grazie sull'alma come una dolce
melodia,
donando a tutti una nuova vita;
nel soleggiar del mezzodi' nasce Luisa, figlia del
Sol Divin,
le tenebre fuggir attonite, non trovar più posto
si rintanano nei cupi meandri delle oscure notti,
l'alme nostre rallegrarsi già per una lunga
vittoria sul mal.)

MONTE

SANT'ANGELO(GARGANO)

PADRE PIO

PADRE PIO, NACQUE A PIETRALCINA IL 25 MAGGIO 1887;
IL SUO NOME DI BATTESIMO E' FRANCESCO(IL COGNOME
FORGIONE);SUO PADRE SENTENDOLO SEMPRE PIANGERE, UN
GIORNO SI ARRABBIO', CON FRANCESCO, MA DA QUEL
MOMENTO IN POI, FRANCESCO NON PIANSE PIU' ,IL NOME,
GLI ERA STATO DATO DA SUA MADRE, CHE ERA MOLTO
DEVOTA DI SAN FRANCESCO D'ASSISI;SAN FRANCESCO
COSI', POTE' MODELLARE IL SUO FIGLIO SPIRITUALE,
PORTANDOLO POI ALLA CONSACRAZIONE SACERDOTALE
NELL'ORDINE DEI FRANCESCANI CAPPUCCINI;
I MIRACOLI CHE IL BAMBINO FRANCESCO COMPIVA PER
VIRTU' DELLO SPIRITO SANTO, ERANO GIA' NOTEVOLI FIN
DALLA SUA NASCITA;FRANCESCO PIANGEVA OGNI VOLTA CHE
LA MADRE GLI SPEGNAVA LA LUCE , PERCHE' VEDEVA I
DEMONI , QUANDO RIACCENDEVA LA LUCE, FRANCESCO NON
PIANGEVA PIU';DA PICCOLO NON GIOCAVA MAI, MA SI
RINCHIUDEVA NEL SUO SPIRITO SOLITARIO A DIALOGARE
CON PERSONAGGI CELESTIALI, CHE LO AIUTAVANO AD
AMARE DI PIU' NOSTRO SIGNORE; UN GIORNO, VEDENDO UN
FRATE FRANCESCANO CAPPUCCINO A PIETRALCINA, E
PARLANDO CON LUI SULLE IMMAGINETTE SACRE E SULLE
COSE CELESTI, FRANCESCO, INIZIO AD INNAMORARSI
DELLA VITA RELIGIOSA FRANCESCANA ,COSI', QUANDO
CREBBE, IL PADRE SUO LO AIUTO' A FARSI UNA
ISTRUZIONE SCOLASTICA, PER FARLO DIVENTARE
SACERDOTE FRANCESCANO, ED EMIGRO' IN AMERICA PER
AIUTARE FRANCESCO E LA PROPRIA FAMIGLIA. FRANCESCO
UN GIORNO, ANDANDO IN UN SANTUARIO DELLA MADONNA
VICINO BENEVENTO, VIDE UNA SCENA ASSAI
COMMOVENTE,UNA DONNA TENEVA IL SUO BAMBINO MALATO
IN BRACCIO E CHIEDEVA LA GRAZIA PER SUO
FIGLIO,FRANCESCO SICURAMENTE PREGO' PER QUEL
BAMBINO PARALIZZATO E VI FU' UNA GIOIA IN TUTTI
GLI ASTANTI AL VEDERE IL FIGLIO DELLA DONNA GUARITO
ALL'ISTANTE; NON MANCO' NELLA VITA DEL SANTO,
L'INCONTRO DOLOROSO CON SATANA E I SUOI DEMONI, CHE
LO TORMENTAVANO SPECIALMENTE DOPO LE ORE 23:00,
ANCHE BASTONANDOLO E PICCHIANDOLO DI CONTINUO TUTTE

LE SERE PER VENDICARSI DELLE GRAZIE CHE IL PICCOLO
FRANCESCO CAUSAVA CON LE SUE PREGHIERE A MOLTE
ANIME PECCATRICI.
   LO SPIRITO DI FRANCESCO, CRESCEVA A DISMISURA PER
LE MOLTE PREGHIERE E I SACRIFICI CHE EGLI CON GIOIA
SERAFICA COMPIVA DAVANTI A GLI ANGELI E A DIO, E LA
SUA FAMA DI SANTITA' , ERA RISAPUTA NEL SUO PAESE .
   QUANDO POI FRANCESCO SI CONSACRO' NELL'ORDINE DEI
CAPPUCINI, IL SUO NOME FU' CAMBIATO, COME DICE LA
REGOLA FRANCESCANA, IN FRATE PIO .
FRA PIO,DIVENNE SUBITO SACERDOTE PER LE SUE VIRTU'
CHE LO SEGUIVANO SEMPRE, E LA SUA FAMA DI SANTITA',
SI SPARSE OVUNQUE , DA LUI VENIVANO A CONFESSARSI
MOLTE PERSONE ,PERCHE' PADRE PIO LEGGEVA I CUORI E
CONOSCEVA LA VITA DEI PECCATORI PENTITI CHE
TROVAVANO IN LUI UN PADRE DI MISERICORDIA CHE LI
ISTRUIVA NELLA RETTA VIA DI GESU' SALVATORE; LE SUE
MALATTIE, LO PORTARONO SPESSO A LASCIARE IL
CHIOSTRO FRANCESCANO E A RITORNARE NEL SUO PAESE
NATALE, DOVE RITORNAVA SUBITO IN SALUTE; PER QUESTE
SUE FREQUENTI RITORNI CHE FACEVA A CASA, SI STAVA
CREANDO NEI CAPPUCCINI UN PENSIERO NON VERO SU
PADRE PIO CHE ERA OBBLIGATO DALLA MADONNA A
TORNARE NEL SUO PAESE QUANDO STAVA MALE, MA CHE I
FRATI INTERPRETARONO MALE QUESTO SUO CONTINUO
ASSENTARSI DAL CHIOSTRO FRANCESCANO; ALLA FINE LA
MADONNA GLI OTTENNE UN PERMESSO SPECIALE
DIRETTAMENTE DAL PAPA CHE LO ESENTO' DAL CHIOSTRO
FINO A QUANDO LE SUE CONDIZIONI FISICHE NON FOSSERO
MIGLIORATE ; MOLTI DOTTORI CHE LO VISITARONO,
SPESSO GLI DAVANO POCHI GIORNI DI VITA, MA QUANDO
PADRE PIO RITORNAVA A PIETRALCINA MIGLIORAVA
VISTOSAMENTE.
UN BEL GIORNO ALCUNE PIE DONNE LO INVITARONO AD
ANDARE NEL LORO PAESE DI SAN GIOVANNI ROTONDO, MA
PADRE PIO RISPOSE, CHE QUEL PAESE NON GLI PIACEVA
PERCHE' VIVEVANO MOLTI BRIGANTI E PECCATORI, MA POI
GUIDATO DA GESU' FU TRASFERITO PROPRIO A SAN
GIOVANNI ROTONDO CHE GLI FECE PURE BENE ALLA SUA
SALUTE PER VIA DELL'ARIA PURA CHE ARRIVAVA DAL

MARE E DALLA MONTAGNA DOVE SORGEVA SAN GIOVANNI
ROTONDO,D'ALTRONDE LI VICINO SORGEVA IL PIU' FAMOSO
SANTUARIO DI SAN MICHELE PRINCIPE DELLE MILIZIE
CELESTI CHE TANTO LO AVEVA AIUTATO NELLA LOTTA
CONTRO IL DEMONIO, E PROPRIO LI' NEL GARGANO, GLI
UOMINI VEDRANNO GLI ANGELI, COME PREDISSE SANTA
BRIGIDA DI SVEZIA E COMPATRONA D'EUROPA.
PADRE PIO AMAVA MOLTO SAN MICHELE,, E A MOLTI CHE
ANDAVANO DA LUI CONSIGLIAVA DI PASSARE PER PRIMA
DAL SANTUARIO DI SAN MICHELE A MONTE SANT'ANGELO
PER ESSERE FORTIFICATI CONTRO IL MALE E CONTRO IL
DEMONIO.

A SAN GIOVANNI ROTONDO PADRE PIO, MENTRE PREGAVA
DAVANTI AL CROCIFISSO NELLA CHIESA DELLA MADONNA
DELLE GRAZIE , FU' COLPITO CON UNA LANCIA DI FUOCO(
CREDO):   AL PETTO , ALLE MANI E AI PIEDI DA UN
ESSERE MISTERIOSO CELESTIALE CHE GLI IMPRESSE LE
STIGMATE VISIBILE, GIA' LE AVEVA AVUTE PRIMA
QUANDO ERA A PIETRALCINA, MA AVEVA PREGATO MOLTO IL
SIGNORE INSIEME AL SUO PARROCO (CREDO SI CHIAMASSE
DON SALVATORE PANNULLO) ED AVEVANO OTTENUTO CHE LE
STIGMATE GLI SCOMPARISSERO ALMENO VISIBILMENTE
,PERCHE LI TENNE INVISIBILI PER ANNI; IL DOLORE
ERA LANCINANTE ALLE MANI ,AI PIEDI ED AL COSTATO ,
COSI' CHE PADRE PIO, SI POTE' PER QUESTO GRANDE
DONO, MODELLARE A GESU' CRISTO NOSTRO SIGNORE E AL
CARO PADRE SAN FRANCESCO.

 I MIRACOLI CHE USCIVANO DALLE SUE MANI BENEDETTE
FURONO TROPPE E NUMEROSE PER ESSERE TUTTE
RACCONTATE; UNA VOLTA UNA BAMBINA NATA CIECA SENZA
PUPILLE DI RIBERA SI RECO' DA PADRE PIO A SAN
GIOVANNI R. CON SUA NONNA, MENTRE ERANO IN VIAGGIO
CON IL TRENO LA BAMBINA DISSE ALLA NONNA DI VEDERE
COME DELLE OMBRE ,LA NONNA LE RISPOSE UN PO
CRUCCIATA CHE ERA SOLO UNA FISSAZIONE SUA, MA
QUANDO ARRIVARONO DA PADRE PIO E' RICEVETTERO DA
LUI LA BENEDIZIONE, LA BAMBINA VIDE TUTTO
CHIARAMENTE E NON PIU' OMBRE;ADESSO LA BAMBINA

MIRACOLATA CHE PER LA SCIENZA E' IMPOSSIBILE VEDERE
SENZA PUPILLE, HA L'ETA' DI CIRCA 55 ANNI E CI
VEDE ANCORA; ,MOLTO SPESSO E' CHIAMATA A PORTARE LA
SUA TESTIMONIANZA NEI PROGRAMMI TELEVISIVI CHE
PARLANO DI PADRE PIO.
 UN GIORNO UN BAMBINO CADDE DAL GRATTACIELO CREDO
SIA STATO A NEW YORK, QUANDO ARRIVO' UN ANGELO E LO
PRESE IN BRACCIO PORTANDOLO IN SALVO ,LE PERSONE
CHE AVEVANO VISTO QUESTO FATTO CHIESERO AL BAMBINO
CHI LO AVESSE SALVATO E IL BAMBINO VOLSE LO SGUARDO
VERSO UN QUADRO DI UN SANTO E DISSE: E' STATO
QUELL'ANGELO A SALVARMI ,L'ANGELO ERA PADRE
PIO(QUESTO SUCCESSE DOPO LA MORTE DI PADRE PIO).
UN GIORNO VENNE UNA INDEMONIATA DI FRONTE A PADRE
PIO E QUANDO RICEVETTE DA LUI LA SANTA BENEDIZIONE
IL DEMONE FUGGI ATTRAVERSO IL CORPO DELLA DONNA
ALL'INDIETRO, COME QUANDO SI VEDONO LE SCENE DI UN
FILM RITORNARE ALL'INDIETRO VELOCEMENTE;MOLTI
ATTORI E PERSONAGGI IMPORTANTI SPESSO ATTIRATI DA
PADRE PIO ATTRAVERSO UN ODORE DI VIOLETTE ANDAVANO
A TROVARLO E SI SENTIVANO DIRE DA LUI :"C'E' NE
VOLUTO PER FARTI VENIRE" E DOPO LA CONFESSIONE,
MOLTO SPESSO, PADRE PIO GLI DICEVA DELLE COSE SU DI
LORO, CHE ERANO REALI, ED EMOZIONAVANO QUESTE ANIME
AL PUNTO DA CAMBIARE RADICALMENTE LA LORO
VITA;PADRE PIO AVEVA IL DONO DI CONOSCERE TUTTA LA
VITA DEI PECCATORI CHE ANDAVANO DA LUI E SPESSO
RIVELAVA LORO DELLE PROFEZIE SUL LORO FUTURO CHE SI
REALIZZAVANO PRONTAMENTE, COME PER ESEMPIO QUANDO
DISSE UN GIORNO AD UN CARABINIERE DI PREPARARE
TUTTO CIO' CHE OCCORREVA PERCHE' IL GIORNO DOPO
SAREBBE MORTO, PROPRIO IN QUEL GIORNO QUELLA
PERSONA MORI';A CHI ANDAVA AL SUO CONFESSIONALE CON
L'INTENTO DI NASCONDERE CERTI PECCATI MORTALI
,PADRE PIO LI AMMONIVA E A VOLTE LI CACCIAVA VIA
DICENDO DI RITORNARE QUANDO ERANO VERAMENTE SINCERI
E PENTITI DEI LORO PECCATI, PERCIO' IL POVERO PADRE
PIO FU' GIUDICATO BURBERO VERSO I PECCATORI ,LUI
CHE ERA TUTTO PER LORO E SI OFFRIVA COME AGNELLO
IMMOLATO PER LA LORO SALVEZZA,ANCHE GIOVANNI PAOLO

SECONDO , QUANDO ERA ANCORA VESCOVO ANDAVA A
TROVARE PADRE PIO CHIAMANDOLO : VENERABILE PADRE ;
UN GIORNO GLI MANDO' UNA LETTERA, CHIEDENDOLE DI
GUARIRE UNA SUA AMICA AFFETTA DA CANCRO ,ERA UNA
MADRE DI FAMIGLIA CHE MERITAVA PER IL BUON
CARATTERE ,QUESTO MIRACOLO;PADRE PIO DISSE A CHI
GLI PORTO' LA LETTERA : A QUESTO NON SI PUO' DIRE
DI NO;(IN QUESTA FRASE IL CARO PADRE PIO VOLEVA
DIRE CHE QUESTO PERSONAGGIO ERA UN GRANDE UOMO DI
DIO E CHE UN GIORNO DOVEVA DIVENTARE IL PAPA DELLA
CHIESA DI CRISTO E DI PIETRO,DIFATTI DISSE ANCHE AL
FRATE CHE GLI PORTO' LA LETTERA : CONSERVALA BENE
PERCHE' UN GIORNO QUESTA LETTERA SERVIRA' MOLTO ;
INTEDEVA DIRE, CHE DOVEVA SERVIRE PER LA SUA CAUSA
DI BEATIFICAZIONE, PERCHE' I NEMICI DI PADRE PIO
ERANO MOLTI E AVEVANO MOLTO CALUNNIATO IL GIUSTO
PADRE PIO; ANCHE ALCUNI PAPI COME GIOVANNI
VENTITREESIMO ,AVEVA PUNITO PADRE PIO PER 10 ANNI,
SENZA LASCIARGLI NEMMENO POSSIBILITA' DI PARLARE
CON ALCUNO DEI FEDELI A LUI DEVOTI ;POI FU LIBERATO
DA QUESTE CATENE SPIRITUALI DA PAOLO SESTO ;SUBITO
APPENA DIVENNE PAPA .
 I NEMICI DI PADRE PIO STAVANO MIMETIZZATI
NELL'ABITO DEI CONSACRATI A DIO, ERANO CIOE', GLI
STESSI SUOI FRATI E I PRETI DI SAN GIOVANNI ROTONDO
ED IL VESCOVO DELLA DIOCESI DI FOGGIA CHE LO
CALUNNIAVANO DAVANTI AL PAPA E AL VATICANO;PADRE
PIO COSI' SI MERITO ANCHE QUEST'ALTRO MERITO
DAVANTI A DIO ,CIOE' DI ESSERE IN TUTTO CONFORME
ALLA VITA DEL SUO GESU', ANCHE NELLE
TRIBOLAZIONI,DIFATTI GESU' FU ODIATO PROPRIO DAI
SUOI, CIOE' DALLA CHIESA DI DIO CHE ERA A QUEI
TEMPI RAPPRESENTATA DAGLI SCRIBI , FARISEI,
SACERDOTI E LEVITI CHE AVEVANO L'INCARICO DI
AMMINISTRARE IL TEMPIO DI DIO E LE ANIME E CHE
INVECE ERANO ADEPTI DI SATANA CHE SI INTRUFOLAVANO
SENZA PUREZZA DI COSCIENZA NELLA VITA CONSACRATA A
DIO; COSI' IL NOSTRO REDENTORE, ALLA FINE MORI' PER
LA LORO INVIDIA E GELOSIA , COME CITA LA BIBBIA;
ANCHE IL GOVERNATORE PILATO CAPI' CHE PER INVIDIA

E GELOSIA GLI AVEVANO PORTATO IL RE DEI RE COME UN
MALFATTORE ,QUANDO INVECE EGLI ERA IL GIUSTO , IL
SALVATORE ,IL MEDICO DELLE ANIME E DEI CORPI ,IL
GIUDICE GIUSTO E VERACE,L'AVVOCATO DEI PECCATORI ,
IL LIBERATORE DEGLI OPPRESSI ,LO SPOSO DEI GIUSTI.;
COSI' ANCHE IL CARO PADRE PIO DOPO TANTE SOFFERENZE
, DIGIUNI , PENITENZE , MALATTIE ,LAVORI AL
CONFESSIONALE CHE SI PROTRAEVANO PER PIU' DI 15 ORE
AL GIORNO AD ASCOLTARE I PENITENTI E GUARITO I
MALATI , LIBERATO GLI INDEMONIATI , CONVERTITO I
PECCATORI CHE ERANO DISPERATI E CHE IN LUI AVEVANO
TROVATO DIO E L'AMORE NEI LORO CUORI AFFRANTI,
SUBIVA INVIDIE , CALUNNIE , GELOSIE,INSIDIE
DIABOLICHE, PROPRIO DAI CONSACRATI A DIO .
 QUESTO CI FA PENSARE, COME E' TRISTE LA VITA
QUANDO TUTTI PECCHIAMO,PERCHE' SATANA, SI PRENDE IL
POSTO DI COMANDO NEI PUNTI STRATEGICI, COME APPUNTO
LO E' LA CHIESA E LA POLITICA E COME LO SONO I
POTENTI DI QUESTO MONDO.
QUANDO LE COSE NEL MONDO VANNO MALE, ANCHE DAL
PUNTO DI VISTA ECONOMICO,MORALE E SOPRATUTTO
SPIRITUALE , E' SEGNO CHE SATANA HA MESSO I SUOI
SCAGNOZZI AL POTERE ,PERCHE' COSI' PUO' CONTROLLARE
TUTTI E TUTTO, E INFLUIRE NELLA VITA DI TUTTI IN
MODO DETERMINANTE; ECCO PERCHE' ASSISTIAMO A TUTTI
QUESTI MALI CHE CI SONO NELLA CHIESA E NELLE ALTRE
RELIGIONI (COME LA :PEDOFILIA ,L'ERESIE
SPECIALMENTE DEI SACERDOTI CHE DICONO CHE DIO NON
PUNISCE E CHE HANNO CAMBIATO PERSINO LA PREGHIERA
DELL'ATTO DI DOLORE DATA DALLA STESSA CHIESA
,TOGLIENDO LE PAROLE :PERCHE' ,PECCANDO HO MERITATO
I TUOI CASTIGHI E MOLTO PIU' PERCHE' HO OFFESO TE;
E L'HANNO SOSTITUITA CON: PERCHE' PECCANDO HO
OFFESO TE, E VEDIAMO ANCHE I SACRILEGI DEI
SACRAMENTI, CHE LI AMMINISTRANO SENZA IL MINIMO
RISPETTO DI DIO, DANDO LA COMUNIONE AI POTENTI,
COME PER ESEMPIO IL SIGNOR PRESIDENTE SILVIO
BERLUSCONI CHE SI E' SPOSATO PIU' VOLTE E CHE HO
VISTO VARIE VOLTE IN CHIESE NON SO PERO' SE LE
HANNO DATO PURE LA COMUNIONE, MA CHE COMUNQUE

DOVEVANO ESSERE SCOMUNICATI PER LE LORO NEFANDEZZE
E ABUSI DI POTERE E INGIUSTIZIE SUI POVERI
,SPARTENDOSI I SOLDI DELLA POVERA GENTE CHE
PAGAVA TANGENTI A QUESTI POLITICI DI SATANA E
SCOMPARIVANO PURE I SOLDI DEI CONTRIBUENTI NELLE
LORO TASCHE DI AVIDI E SPERPERATORI; I SACERDOTI
DI ADESSO ANCHE LORO COME I POLITICI CORRONO PIU'
VELOCI DI QUESTI NEL VORTICE DELLA MALEDIZIONE ,
DELL'AVIDITA' , DELL'ABUSO DI POTERE, DEL RISPETTO
UMANO, DELLA MONDANITA' ,QUANTUNQUE PAOLO APOSTOLO
DELLE GENTI E GLI ALTRI APOSTOLI DI GESU' LI
AVEVANO AMMONITI FIN DALL'INIZIO DI NON ASSECONDARE
I DESIDERI DEL MONDO E DELLA CARNE PERCHE' SONO IN
CONTRAPPOSIZIONE CON I DESIDERI DI DIO E DELLO
SPIRITO;SAPPIAMO CHE IL MONDO GIACE TUTTO SOTTO IL
POTERE DEL PRINCIPE DI QUESTO MONDO ,CIOE ' DI
SATANA.
  CHI AMA IL MONDO, ODIA IL PARADISO E CHI ODIA IL
PARADISO ODIA DIO CHE E' L'ESSENZA DEL PARADISO, E
GLI ANGELI E I SANTI SONO RIFLESSI DI DIO STESSO,
SONO PICCOLI ATOMI DI DIO A SUA IMMAGINE E
SOMIGLIANZA.
  QUESTI BESTEMMIATORI DI DIO NON AMANO SERVIRE, MA
ESSERE SERVITI, NON AMANO I SACRAMENTI ,LA SANTA
MESSA E I SANTI, E PURE STANNO LI AD
AMMINISTRARLE, MA LA LORO IPOCRISIA LA SI NOTA
PERCHE' IN CHIESA NON CI SONO QUASI MAI , IL
CONFESSIONALE LO USANO PER POCHI MINUTI PRIMA DELLA
MESSA, IL ROSARIO LO FANNO DIRE AD UN INCARICATO
,LE OSTIE PER GLI AMMALATI ,INCARICANO ALTRI,DELLA
VITA DI PENITENZA E DEI MIRACOLI INFINITI CHE HANNO
FATTO I SANTI NON NE PARLANO MAI, NON CREDONO PIU'
AI MIRACOLI, MA HANNO RIDOTTO TUTTA LA
SPIRITUALITA', AD UN PROBLEMA PSICOLOGICO E NON
PIU' SPIRITUALE, NON CREDONO NEMMENO PIU'
ALL'INFERNO E AI DEMONI, DIFATTI GLI ESORCISTI SONO
IN VIA D'ESTINZIONE PIU' DELLE TIGRI DELL'INDIA O
DELLA SIBERIA,NON CREDONO AL DILUVIO UNIVERSALE E
DICONO CHE QUEL RACCONTO E' COME UNA PARABOLA ,
UNA SIMILITUDINE E NON E' REALE", NON SANNO PIU'

CHE IL DILUVIO E' ESISTITO REALMENTE, ED E'
COMFERMATO ANCHE DAGLI STESSI STUDIOSI CHE HANNO
SCOPERTO NELLE MONTAGNE ALTE SEGNI DI VITA
MARINA(COME LE CONCHIGLIE) E NEL MONTE ARARAT GLI
STUDIOSI SOSTENGONO CHE A CIRCA 50 METRI SOTTO
QUEL MONTE, E' STATO RIVELATO CON APPARECCHIATURE
SOFISTICATE CHE VI E' UNA ARCA, MA IL GOVERNO
TURCO NON VUOLE DARE L'AUTORIZZAZIONE A
CONSENTIRE GLI SCAVI; QUESTI SACERDOTI FALSI
CREDONO CHE L'UOMO VIENE DALLE SCIMMIE O DAGLI UFO
E ALLORA :PERCHE' LE SCIMMIE VEDENDO LE ALTRE
SCIMMIE DIVENTARE PIU' INTELLIGENTI E PIU' NOBILI
NON HANNO POTUTO COPIARE QUEST'ULTIMI E DIVENTARE
PURE LORO UMANI?;
   IL MISTERO SI INFITTISCE SEMPRE PIU' PER LORO,
PERCHE' VIVONO NEL BUIO TOTALE DELLE LORO MENTI
MANIPOLATE DAI DEMONI.
IL CARO PADRE PIO E' UNA VERA ANCORA DI SALVEZZA
PER COLORO CHE CERCANO UN PUNTO DI APPOGGIO E DI
AIUTO PERCHE' NON SE NE TROVANO PIU' SACERDOTI
COME LUI NELLA CHIESA E NELLE RELIGIONI; QUESTI
NUOVI SACERDOTI, SONO PER LE POVERE ANIME, PUNTI
DI APPOGGIO SU CANNE SECCHE E FRANTUMATE CHE
FARANNO CADERE E SFRACELLARE AL SUOLO CHIUNQUE LI
TOCCHI, E MEGLIO IN QUESTI TEMPI BURRASCOSI E
APOCALITTICHE AFFIDARSI ALLA LETTURA DEI LIBRI DI
SPIRITUALITA' SANA CHE HANNO SCRITTO MOLTI SANTI E
SAGGIO COPIARE LA LORO VITA E PREGARE MOLTO LO
SPIRITO SANTO CHE CI ILLUMINI A CAPIRE LA SUA
PAROLA E AD ISTRUIRE NELLA VERITA' GLI ALTRI.
I MIRACOLI DI PADRE PIO, LETTI CON SPIRITO DI
UMILTA' E CONFIDENZA A DIO ,AIUTANO A FAR CRESCERE
IN NOI : LA FEDE, LA SPERANZA , L'AMORE, LA FIDUCIA
IN DIO CHE E' INFINITAMENTE MISERICORDIOSO E
RICCHISSIMO DI GRAZIE , BASTA CHIEDERLE E LUI C'E'
LI DARA' TUTTE , PERCHE' LUI A SUA IMMAGINE E
SOMIGLIANZA CI VUOL FAR DIVENIRE E LE SUE GRAZIE
NON FINISCONO MAI, SONO ETERNE ED INFINITE ,PIU'
CHIEDI FRATELLO E PIU' DIO TI DICE DI CHIEDERE PER
ARRICCHIRTI INFINITAMENTE ; PER QUESTO SE VUOI

DIVENTARE COME PADRE PIO E PIU' DI LUI LEGGI I
LIBRI DELLA DIVINA VOLONTA' DI LUISA PICCARRETA CHE
CONTENGONO LE GRAZIE PIU' STREPITOSE E GRANDI CHE
DIO ABBIA MAI DATO ALL'UOMO; LA VERGINE MARIA SARA'
PER SEMPRE LA PIU' SANTA E LA PIU' AGGRAZIATA
CREATURA DAVANTI A LUISA PICCARRETA, AI FIGLI DEL
DIVINO VOLERE E A TUTTI GLI ALTRI SANTI CHE VENGONO
DOPO DI QUEST'ULTIMI; I FIGLI DEL DIVINO VOLERE
PERCHE' HANNO CONOSCIUTO LE VERITA' ETERNE SUL
DIVINO VOLERE E L'HANNO ASSIMILATO E AMATO PIU' DI
TUTTO L'ORO DEL MONDO DIVERRANNO SIMILI A MARIA
SS. E A LUISA PICCARRETA. QUESTI SCRITTI SONO LE
PERLE CHE UN UOMO HA TROVATO IN UN CAMPO , HA
VENDUTO TUTTO E SI E' COMPRATO QUEL CAMPO PIENO DI
PERLE PREZIOSE,COSI' ANCHE TU FRATELLO VENDI TUTTO
IL MARCIUME CHE HAI ACCUMULATO CHE SONO: LE TUE
MISERIE ,I TUOI PECCATI, LA TUA VITA ,MA
SPECIALMENTE IL TUO UMANO VOLERE CHE TI TIRANNEGGIA
E NON TI FA AMARE LA DIVINA VOLONTA' ; LA DIV.
VOLONTA' TI VUOLE GUIDARE IN TUTTO E VUOLE
ESSERE, LA TUA VITA, IL TUO PASSO , IL TUO PALPITO
, IL TUO PENSIERO, LA TUA AZIONE , IL TUO
SENTIMENTO ECC. PER FARTI GUSTARE LA VITA DIVINA
NELLE TRE PERSONE DIVINE E LA VITA DEL CIELO ,DEGLI
ANGELI E DEI SANTI CHE SONO UN SOLO ATTO CON LA
DIVINA VOLONTA'.
  PADRE PIO AMAVA LUISA PICCARRETA E LEGGEVA I SUOI
SCRITTI LO HANNO TESTIMONIATO ALCUNE SUE FIGLIE
SPIRITUALI CHA HANNO CONOSCIUTO TUTTI I LIBRI DI
LUISA PICCARRETA O ALCUNI SCRITTI E CHE AVENDO
CHIESTO CONSIGLIO AL CARO PADRE PIO,SALVATORE DEI
NOSTRI TEMPI, SI SONO SENTIRE DIRE CHE LUISA E' UN
ANGELO SULLA TERRA E I SUOI SCRITTI FARANNO TANTO
BENE,SU QUESTO SITO POTRAI SCARICARE I LIBRI DI
LUISA GRATIS, BASTA ANDARE NELLA FINESTRA :TUTTI I
LIBRI DI LUISA PICCARRETA.

ALTRI RACCONTI SUI MIRACOLI DEL CARO PADRE PIO :
NEL PERIODO DELLA SECONDA GUERRA MONDIALE, PADRE
PIO AIUTO' MOLTA GENTE CHE NON RICEVEVA PIU'

LETTERE DAI LORO PARENTI O FAMILIARI, PENSANDO CHE
FORSE ERANO MORTI , E IL CARO PADRE PIO DAVA MOLTO
SPESSO BUONE SPERANZE CHE LA PERSONA SCOMPARSA
PRESTO SAREBBE RITORNATA A CASA SANO E SALVO E
COSI' AVVENIVA PRONTAMENTE;ALCUNI SOLDATI
RACCONTANO DI ESSERE STATI SALVATI DA UN FRATE
CAPPUCCINO CON LA BARBA CHE GLI INTIMAVA DI
ALLONTANARSI DAL PUNTO DOVE ERANO E POI LI IN QUEL
PUNTO SCOPPIAVA UNA BOMBA; POI RICONOBBERO CHE
QUELL'UOMO CHE LI AVEVA AIUTATI ERA PROPRIO PADRE
PIO CHE ANDAVA CON LA SUA ANIMA FUORI DAL SUO CORPO
AD AIUTARE MOLTI BISOGNOSI.
   PADRE PIO UNA VOLTA IN BILOCAZIONE ENTRO' NELLA
SALA DOVE VI ERANO IL PAPA E ALCUNI CARDINALI CHE
MEDITAVANO DI SCOMUNICARE IL CARO PADRE PIO (
ARRIVAVANO SPESSO CALUNNIE DAI PRELATI DI SAN
GIOVANNI ROTONDO CONTRO PADRE PIO), E LUI ENTRANDO
DISSE AL PAPA: "NO SANTO PADRE NON FACCIA QUESTO
GRANDE TORTO", POI IL FRATE SPARIVA VIA CON
MERAVIGLIA E CONFUSIONE DEGLI ASTANTI CHE POI
ANNULLARONO IL PROPOSITO DI SCOMUNICARLO.
NEL PERIODO DELLA GUERRA L'AERONAUTICA MILITARE
INGLESE VOLEVA BOMBARDARE SAN GIOVANNI ROTONDO , MA
NEL CIELO APPARIVA AI PILOTI INGLESI UN VOLTO
GRANDE DI UN FRATE ; I PILOTI TENTAVANO DI
SGANCIARE LE BOMBE SU SAN GIOVANNI R., MA NON
RIUSCIVANO MAI A SGANCIARNE NEMMENO UNA
BOMBA,ALLORA IL COMANDANTE VOLEVA SPIEGAZIONE DEL
PERCHE' RITORNAVANO SEMPRE SENZA COLPIRE SAN
GIOVANNI ROTONDO E I PILOTI GLI RACCONTAVANO
TUTTO QUELLO CHE ERA SUCCESSO ;UN GIORNO IL
COMANDANTE ANDO' CON LORO PER BOMBARDARE SAN
GIOVANNI E PURE LUI VIDE IL VOLTO NEL CIELO DEL
FRATE, ALLORA SI DECISE DI ANDARE A VEDERE A SAN
GIOVANNI ROTONDO QUESTO FRATE SANTO DI CUI SI
PARLAVA MOLTO E RICONOBBE PADRE PIO COME QUEL FRATE
CHE APPARIVA NEL CIELO, IL COMANDANTE SI CONVERTI'
AL CATTOLICESIMO DOPO QUESTO FATTO.
   UNA FIGLIA SPIRITUALE DI PADRE PIO VOLEVA ANDARE
A LAVORARE COME MAESTRA IN UN PAESE DEL FOGGIANO

, MA PADRE PIO GLI LO VIETO' CATEGORICAMENTE, MA
LA RAGAZZA NON CAPI' IL PERCHE' IL PADRE GLI
PROIBIVA QUEL LAVORO, MA L'INDOMANI LEGGENDO IL
GIORNALE , COMPRESE SUBITO CHE PADRE PIO L'AVEVA
SALVATA , INFATTI AVEVA LETTO, CHE UNA MAESTRA ERA
STATA UCCISA NELLA STRADINA DI CAMPAGNA MENTRE
ANDAVA A LAVORARE, QUELLA MAESTRA AVEVA PRESO IL
POSTO DI LAVORO CHE LEI AVEVA RIFIUTATO .

    UN GIORNO UN DOTTORE DELL'OSPEDALE DI SAN
GIOVANNI ROT. CHIESE AL PADRE SE DOVEVA FAR NASCERE
LA FIGLIA CHE ATTENDEVA SUA MOGLIE ALL'OSPEDALE, E
PADRE PIO GLI DISSE DI NO ;QUANDO LA MOGLIE EBBE
LE DOGLIE FU CHIAMATA LA LEVATRICE MA SEMBRAVA CHE
VI FOSSERO DELLE COMPLICAZIONI AL MOMENTO DEL PARTO
,IL DOTTORE PENSO' DI PORTARLA ALL'OSPEDALE PER UN
PARTO CESARIO, MA POI SI AFFACCIO' ALLA FINESTRA
VOLGENDO LO SGUARDO VERSO LA CHIESA DOVE PADRE PIO
STAVA INIZIANDO LA MESSA, ERANO CIRCA LE 05:00 E
CON IL PENSIERO CHIESE SOCCORSO AL PADRE, IN QUELLO
STESSO MOMENTO LA BAMBINA NACQUE E L'UOMO STAVA
ENTRANDO, QUANDO VIDE DI SPALLE PADRE PIO CHE
STAVA USCENDO E SCENDENDO LE SCALE,L'UOMO CERCO DI
RAGGIUNGERE IL PADRE , MA NON LO VIDE PIU'; IL
GIORNO DOPO ANDO' DA PADRE PIO E GLI CHIESE SE ERA
LUI QUEL FRATE CHE AVEVA VISTO E PADRE PIO
COMFERMO' , DICENDO CHE SI ERA GUADAGNATO QUELLA
GRAZIA PER LA FIDUCIA CHE AVEVA MOSTRATO VERSO DI
LUI IN UN MOMENTO DI GRANDE PROVA, DA NOTARE CHE
PADRE PIO STAVA INIZIANDO LA S. MESSA E QUINDI NON
POTEVA ESSERE CON IL CORPO IN 2 PARTI ERA L'ANIMA
DI PADRE PIO CHE IN DIO SI TROVAVA A SOCCORRERE
SEMPRE I SUOI AMATI FIGLI SPIRITUALI; CHI VUOL
RICEVERE QUESTO AIUTO DA PADRE PIO SI CONSACRI A
LUI COME SUO FIGLIO SPIRITUALE E IL DOLCE PADRE LO
SOCCORRERA' SEMPRE DAL CIELO E PROTEGGERA' SEMPRE
I SUOI CARI .

RACCONTANO DELLE NOVIZIE SUORE CHE AVEVANO CHIESTO
AL PADRE DI ESSERLE VICINO SPECIALMENTE NELL'ORA

DELLA LORO CONSACRAZION E VESTIZIONE ALLA VITA
RELIGIOSA, CHE VIDERO O SENTIRONO LA SUA PRESENZA
FORTE IN QUEL MOMENTO SOLENNE.SPESSO QUALCUNO CHE
SAPEVA DI QUESTO SUO DONO RACCOMANDAVA AL PARE DI
STARE VICINO A UN LORO CARO CHE SI TROVAVA MOLTO
LONTANO E IN CONDIZIONI TRISTI COME QUELLO DI UN
PRIGIONIERO DI GUERRA IN ETIOPIA DEL QUALE LA MAMMA
AVEVA CHIESTO CON FEDE A PADRE PIO DI ANDARLO A
CONFORTARE , DOPO UN PO DI GIORNI IL FIGLIO GLI
MANDO' UNA LETTERA DICENDO CHE AVEVA SENTITO
FORTEMENTE LA PRESENZA DI PADRE PIO.MOLTI SOLDATI
AMERICANI ,INGLESI , FRANCESI ANDAVANO A
CONFESSARSI DA PADRE PIO CON MERAVIGLIA DI
QUELLI CHE CONOSCEVANO IL PADRE ,CHE SAPEVANO CHE
IL PADRE NON AVEVA MAI STUDIATO QUELLE LINGUE SE
NO IL SOLO LATINO PERCHE' PADRE PIO, DETTO DAGLI
STESSI STRANIERI CAPIVA LE LORO LINGUE E
RISPONDEVA NELLA LORO LINGUE CORRETTAMENTE; AD UN
TEDESCO LO CONFESSO IN LINGUA LATINA, MA POI
QUANDO L'UOMO SI ALZO' PER ANDARSENE , PADRE PIO
GLI DISSE UNA FRASE IN TEDESCO E L'UOMO NE RIMASE
STUPITO. UNA VOLTA GLI ARRIVO' UNA LETTERA IN GRECO
E IL PARROCO DON SALVATORE PANNULLO DI PIETRALCINA
GLI DOMANDO' A PADRE PIO COME SAPEVA IL
SIGNIFICATO DI QUELLA LETTERA E LUI GLI RISPOSE,
CHE LO AVEVA AIUTATO L'ANGELO CUSTODE;ALTRE VOLTE
RACCONTA, SEMPRE IL PANNULLO, ARRIVAVA QUALCHE
LETTERA TUTTA SPORCA DI INCHIOSTRO CHE NON SI
RIUSCIVA A LEGGERE , MA PADRE PIO PRENDEVA L'ACQUA
BENEDETTA E LA SPARGEVA SULLA LETTERA CHE SI
SCHIARIVA ALL'ISTANTE LASCIANDO INTRAVEDERE IL
CONTENUTO; LO SPORCO D'INCHIOSTRO ERA UN OPERA DI
SATANA CHE GLI FACEVA DI QUESTI SCHERZI;IN UNA
FOTO DI PADRE PIO DI CIRCA TRENTA ANNI DI ETA'
MENTRE STA ACCAREZZANDO UNA PECORELLA (SIMBOLO
DELL'ANIME) SI NOTA UN CESPUGLIO CHE SEMBRA
VEROSIMILMENTE IL VOLTO DI SATANA(LA FOTO SI
TROVA NELLA PARTE INIZIALE DI QUESTI RACCONTI, MA
MANCA LA PARTE DESTRA DOVE SI SCORGEVA IL
CESPUGLIO).

UN GIORNO PRIMA DI MORIRE, PADRE PIO CON L'ANIMA
ANDO' A SALUTARE UN SACERDOTE DI GENOVA SUO AMICO E
UOMO DI GRANDE FEDE,PADRE PIO GLI DISSE : A VEDERCI
PRESTO IN PARADISO, DOPO CIRCA 6 MESI MORI' ANCHE
QUEL SACERDOTE CHE SI UNI' AL SUO CARO AMICO IN
PARADISO COME GLI AVEVA DETTO , PADRE PIO IN
BILOCAZIONE.
ALCUNI RACCONTANO CHE UN GIORNO STAVANO NEL
GIARDINO PADRE PIO E UN GRUPPO DI PERSONE TRA CUI I
CONFRATELLI DEL PADRE , STAVANO GIOCANDO A BOCCE
QUANDO UN GATTO PASSO NEL MOMENTO CHE UNA BOCCIA
STAVA ROTOLANDO PROPRIO VERSO DI LUI, GLI ASTANTI
VIDERO LA BOCCIA O IL GATTO NON RICORDO BENE CHE SI
ALZO' DA TERRA IN MODO STRANO ED IL GATTO SCHIVO'
IL COLPO PER INTERVENTO DI PADRE PIO.
UNA DONNA INCINTA CHE AVEVA CHIESTO LA BENEDIZIONE
DAL PADRE RACCONTA CHE MENTRE IL PADRE BENEDIVA
DURANTE LA MESSA,ELLA CADDE PESANTEMENTE A TERRA, I
GIORNI DOPO, NON SENTIVA PIU' IL BIMBO MUOVERSI, ED
E' ANDATA A CONTROLLO, MA SI SENTIVA RISPONDERE
CON PAROLE INCERTE E CONFUSE; AL MOMENTO CHE EBBE
LE DOGLIE ESTRASSERO IL BIMBO IN STATO AVANZATO
DI DECOMPOSIZIONE; I DOTTORI NEL VEDERE CHE LA
MAMMA NON AVEVA SUBITO CONSEGUENZE NEGATIVE PER LA
SUA SALUTE, DOPO CHE AVEVA TENUTO IL BIMBO PER TRE
MESI CIRCA MORTO NEL SUO GREMBO, RIMASERO
STUPEFATTI;LA DONNA RINGRAZIO' IL PADRE CHE
L'AVEVA SALVATA DA UNA POSSIBILE MORTE E SI
RINCUORAVA CHE IL SUO BIMBO ADESSO SI TROVAVA
NELLE MANI DI DIO IN PARADISO;UN ALTRA DONNA
RACCONTA CHE GLI MORI' IL FIGLIO DI TENERA ETA',
ANDANDO DAL PADRE, EGLI LE DISSE CHE FRA UN ANNO
AVEVA UN ALTRO BAMBINO DELLO STESSO NOME(FRANCESCO)
,MOLTO SOMIGLIANTE AL PRIMO FRANCESCO MORTO, E
COSI' AVVENNE PUNTUALMENTE PROPRIO DOPO UN ANNO, IL
BIMBO SOMIGLIAVA AL SUO FRATELLINO DECEDUTO.
UN SIGNORE DI PRATO CHE ODIAVA TUTTO CIO' CHE E'
RELIGIONE ED ERA COMUNISTA, SOGNO' UN FRATE CHE
GLI DICEVA VIENI A SAN GIOVANNI ROTONDO , L'UOMO

NON CONOSCEVA NE PADRE PIO E NE S. GIOVANNI ,DOPO 2
SETTIMANE SOGNO' DI NUOVO IL FRATE CHE GLI
INTIMAVA: EH MOH VIENI A SAN GIOVANNI !, L'UOMO
CONSERVAVA TUTTO NEL CUORE, MA NON SI DECIDEVA AD
ANDARE, E FORSE NON CREDEVA CHE POTEVA VENIRE DA
DIO QUESTO SOGNO ;UNA VOLTA LA MOGLIE SI FECE
ACCOMPAGNARE A CASA DI UNA SIGNORA DOVE SI
RIUNIVANO IN PREGHIERA, LA DONNA CHE OSPITA IL
GRUPPO DISSE ALL'UOMO : LEI E' SPRECATO VISTO LA
BONTA' DI CUORE CHE TIENE,QUESTO SIGNORE EBBE LA
NETTA SENSAZIONE CHE LA VOCE DI QUELLA DONNA ERA
IDENTICA A QUELLA DEL FRATE DEL SOGNO E NON ERA
UNA VOCE FEMMINILE, MA MASCHILE;ALLORA SI DECISE DI
ANDARE A SAN GIOVANNI ROTONDO ,QUANDO ARRIVO' IN
CHIESA E APPARVE PADRE PIO GLI DISSE :E' ARRIVATA
STA PECORA ROGNOSA(COME A DIRE QUESTA ANIMA
SPORCA,AL PADRE SPESSO GLI PIACEVA
IRONIZZARE),QUANDO SI CONFESSO PADRE PIO GLI DISSE
:VA VIA , VA VIA , VAI A MESSA E CONFESSATI ,IL
POVERO UOMO SI ALZO' E IL GIORNO DOPO PARTI' PER
PRATO,PERO' QUANDO ARRIVO' A PRATO, SI MISE
L'INTENTO DI OBBEDIRE AL PADRE, ED OGNI DOMENICA
ANDAVA A MESSA E SI CONFESSO I PECCATI;DOPO UN
PERIODO RITORNO' A SAN GIOVANNI ROT. PERCHE' NE
SENTIVA L'ATTRAZIONE SPIRITUALE VERSO IL PADRE, MA
QUANDO ANDO' AL CONFESSIONALE SI SENTI' DI NUOVO
RESPINTO, PERCHE' ANCORA NON ERA PURO. RITORNATO A
PRATO, DOPO UN PERIODO RITORNO' DI NUOVO DA PADRE
PIO ;AVEVA SENTITO ALCUNE PERSONE CHE GLI AVEVANO
CONSIGLIATO DI ANDARE PRIMA A PREGARE I GENITORI
DEFUNTI DI PADRE PIO PER CHIEDERE LA LORO
MEDIAZIONE PRESSO IL FIGLIO;L'UOMO PORTO' DEI
CERONI E CHIESE AI CARI DEFUNTI DI PADRE PIO DI
AIUTARLO A CAPIRE MEGLIO COSA VOLEVA IL FIGLIO E
A PREGARE;QUANDO RITORNO' AL CONFESSIONALE,
RICEVETTE L'ASSOLUZIONE DEI PECCATI DA PADRE PIO,
CHE LO PREPARO' PER UNA GRANDE MISSIONE E GLI DISSE
CHE DOVEVA COMPRARE UN TERRENO INSIEME AD UN
SOCIO, PER CREARE UNA AZIENDA ED UNA CHIESA
INTITOLATA COME QUELLA DI S. GIOVANNI ROT.

:MADONNA DELLE GRAZIE,LE COSE CON STENTI RIUSCIRONO
E PER ULTIMO IL SIGNORE DI PRATO, DONO' TUTTO ALLA
CHIESA DOPO TANTI SACRIFICI E MIRACOLI DI SOCCORSO
CHE GLI VENIVANO DA UNA MANO INVISIBILE CHE LO
GUIDAVA IN TUTTO ;QUESTO SIGNORE DIVENNE UNO DEI
PIU' GRANDI COLLABORATORI DI SANTITA' DEL PADRE.
UNA RAGAZZINA DI 12 ANNI CHIEDEVA AI GENITORI DI
DIVENTARE SUORA ,MA IL PADRE ED IL FRATELLO SI
OPPONEVA SEMPRE; UN GIORNO PERO' LA MANO DI PADRE
PIO RISOLVETTE IL PROBLEMA IN QUESTO MODO, FECE
MANDARE QUESTA RAGAZZA CHE ERA DIVENTATA UN PO
PIU' GRANDE DA UNA SIGNORA, CREDO PER LAVORO DI
SERVIZIO IN CASA;   LA DONNA UN GIORNO VOLLE ANDARE
A S. GIOVANNI ROTONDO E CHIESE ALLA RAGAZZA SE
L'ACCOMPAGNASSE, LA GIOVANE ACCONSENTI', E I DUE
VIAGGIARONO PER S. GIOVANNI , QUANDO ARRIVATI
VICINO LA CHIESA, UNA SIGNORA SI AVVICINO' AI DUE,
E CHIESE ALLA RAGAZZA: SE TU QUELLA CHE SI VUOL
FARE SUORA? LA RAGAZZA CONFERMO' E LA SIGNORA LA
INVITO' AD ENTRARE IN CHIESA CHE LA STAVA
ASPETTANDO PADRE PIO PER PARLARLE,I DUE SI
PARLARONO PER UN PO ED IL PADRE GLI DISSE CHE I
GENITORI NON L'AVREBBERO PIU' IMPORTUNATA SUL FATTO
DI DIVENTARE SUORA, CHE CI AVREBBE PENSATO LUI,COSI
AVVENNE, LA RAGAZZA DIVENNE SUORA , E POI PER
VOLERE DI DIO FU TRASFERITA PROPRIO A SAN GIOVANNI
ROTONDO DOVE LEI AVEVA RIVOLTO IL SUO CUORE PER
ESSERE SEMPRE PIU' SIMILE AL CARO PADRE PIO CHE LA
MODELLO' A SUA IMMAGINE;PADRE PIO, AMAVA CHE I
SUOI FIGLI SPIRITUALI SI DEDICASSERO SPESSO ALLA
MORTIFICAZIONE DEI SENSI DEL CORPO, ALLA CASTITA'
,E SPESSO FACEVA FARE DEI PICCOLI VOTI CHE LUI
STESSO POI BENEDICEVA. UNA VOLTA SI PRESENTO' UN
SUO CONFRATELLO CON UNA BUSTA, E VIDE IL PADRE
SEDUTO CON LO SGUARDO ASSENTE, IL FRATE INIZIO' A
LEGGERGLI LA LETTERA E PADRE PIO LO AMMONI'
DICENDO: EH MOH , PURE TU TI CI METTI? IL FRATE
RISPOSE: MA NON C'E' NESSUNO ,QUI SIAMO SOLI!
RISPOSE IL PADRE : NON VEDI TUTTI QUESTI ANGELI DEI
MIEI FIGLI SPIRITUALI CHE VANNO E VENGONO CON

MESSAGGI PER ME E PER LORO.PADRE PIO DI FATTI AVEVA
INSEGNATO AI SUOI FIGLI DI MANDARE I LORO ANGELI
PER COMUNICARE CON LUI.UN GIORNO RACCONTA IL PADRE
AI CONFRATELLI: MI TROVAI FUORI DEL MIO CORPO IN
UNA CASA DOVE MORIVA UN PADRE E NASCEVA LA FIGLIA
DI LUI, DI NOME GIOVANNA, LA MADONNA MI AFFIDO'
QUESTA BAMBINA DICENDOMI, CHE ERA UNA PIETRA GREZZA
E CHE IO GLI E LA DOVEVO RENDERE BELLA E SPLENDENTE
COME UNA GEMMA ;QUANDO PASSARONO GLI ANNI LA
RINCONTRAI NELLA BASILICA DI SAN PIETRO, LEI STAVA
CERCANDO UN SACERDOTE PER CONFESSARSI , GLI PARLAI
SULLA SS. TRINITA' IN IMMAGINI, POI GLI DIEDI
L'ASSOLUZIONE; QUANDO GIOVANNA VENNE A SAN
GIOVANNI ROTONDO, IL PADRE GLI DISSE: FINALMENTE
SEI VENUTA? ,LA RAGAZZA RISPOSE: PADRE, MA NOI NON
CI CONOSCIAMO! SI RISPOSE IL PADRE, MA TI CONOSCO
IO E GLI RACCONTO', CHE LUI ERA PRESENTE A CASA
SUA, QUANDO SUO PADRE MORIVA E LEI NASCEVA NELLO
STESSO GIORNO, E ANCHE A SAN PIETRO, ERA LUI QUEL
FRATE CHE LA CONFESSO' . LA RAGAZZA PIANSE DI
GIOIA E COMMOZIONE E DIVENNE UNA DELLE FIGLIE
SPIRITUALI PIU' PROLIFICHE DI PADRE PIO.
 UNA VOLTA RACCONTA IL PADRE: ERA A PIETRALCINA E
PORTO' LA COMUNIONE COME DI CONSUETO A GLI AMMALATI
,UNA SIGNORA GLI DISSE: PADRE ,SE MI PORTATE UN
PEZZETTO DI ALIMENTI CHE RESTANO NELLA VOSTRA
TAVOLA, IO LO MANGIERO' E GUARIRO' , MA PADRE
PIO, NON DIEDE ALCUNA IMPORTANZA ALLE PAROLE DELLA
DONNA; LA SIGNORA, LA SECONDA E LA TERZA VOLTA CHE
VENNE IL PADRE A PORTARGLI GESU', INSISTETTE SULLO
STESSO ARGOMENTO, FINO CHE PADRE PIO GLI PORTO' UN
BISCOTTO MOLTO DURO DA MANGIARE E GLI DISSE:
EMMOH ROSICA QUESTO! ,IRONICAMENTE, LA DONNA PIENA
DI FEDE MANGIO' IL BISCOTTO E GUARI' VERAMENTE,
RINGRAZIANDO IL PADRE .PADRE PIO SPESSO DICEVA AI
SUOI FIGLI SPIRITUALI CHE LI A SAN GIOVANNI ROTONDO
NON C'ERA ALCUN PERICOLO DI BOMBARDAMENTO FINO AD
UN RAGGIO DI 30 , 40 KM ED ERA UN POSTO BENEDETTO
DA DIO, PERCIO' SPESSO INVITAVA MOLTI A RIMANERE A
SAN GIOVANNI ROTONDO;EGLI DICEVA ANCHE : I MIEI

FIGLI QUI STARANNO AL SICURO, LA LORO ANIMA NON
SI DANNERA', A MENO CHE, NON LO VOGLIANO LORO; A
MOLTI SUOI FIGLI, IL PADRE ASSICURAVA CHE LI
PORTAVA TUTTI NEL SUO CUORE E LI AMAVA
IMMENSAMENTE, INFATTI ALCUNI SOGNARONO IL PADRE
COME UN CUORE GRANDE.

STATUTO (PER I LAICI CONSACRATI DEL TERZO
ORDINE) E REGOLA DEI FIGLI DEL DIVINO VOLERE DELLE
3 SS TRINITA', RELIGIOSI E SACERDOTI.

IL CONVENTO DEI RELGIOSI MASCHI, DEVE ESSERE
SUDDIVISO IN 2 PARTI: TRA FRATI E SACERDOTI; LE
SUORE AVRANNO UN ALTRO CONVENTO , CHE SIANO BEN
SEPARATI FRA LORO, (QUELLE DEI MASCHI E DELLE
FEMMINE)CON LE STESSE REGOLE DI VITA CONTEMPLATIVA
E OPERATIVA, CHE SI POSSONO UNIRE IN FORZA
SPIRITUALE PER LA   SS MESSA ,
NELL'ADORAZIONE NELLA RECITA DEI ROSARI ,
CORONCINE O NEL LAVORO DI MANUTENZIONE E PULIZIE,
MA SOLO DENTRO LA CHIESA , O NEL SANTUARIO
ALL'APERTO, MA MAI NEI CONVENTI, NEMMENO PER LE
MESSE , CHE NON CE NE SARANNO, SALVO SPECIALE
PERMESSO MIO O DELL'INCARICATO MIO, CIOE' IL
SUPERIORE E LA SUPERIORA DEI 2 CONVENTI, MA SOLO
PER MOTIVI ESTREMI, E NON DEVONO AVERE MAI
CONTATTI CON NESSUNO. DENTRO IL CONVENTO,LESUORE
E I FRATI, NON POSSONO RICEVERE NESSUNO, ECCETTO :
I FAMILIARI
(NEMMENO I PARENTI), IL SACERDOTE DELLA NOSTRA
CONGREGAZIONE PER CHIEDERE CONSIGLIO O PER
CONFESSARSI, E DEVONO COMUNICARE TRAMITE UNA
GRATA DI (FERRO O VETRO) , COPERTA CON UNA TENDA
CHE NON LASCIA VEDERE IN VOLTO; SE LE VISITE
SONO DEI FAMILIARI LA TENDA VA TOLTA ; LA VISITA
DEI FAMILIARI (SENZA LA TENDA), SI PUO' FARE SOLO

UNA VOLTA ALL'ANNO; LA GRATA DEVE ESSERE FATTA
IN MODO CHE NON CI SIA POSSIBILITA' DI TOCCARSI
, BEN DISTANZIATA IN DOPPIA GRATA, QUESTO
PERCHE' DIO BASTA A TUTTO,   (TOMMASO
DISSE: "MIO DIO E MIO TUTTO") ; DIO PENSERA'
ALL'UNIONE CON I FAMILIARI , PARENTI , AMICI ,
ECC. ATTRAVERSO LO SPIRITO CHE IN DIO PUO'
TUTTO, COME FACEVANO AD ESEMPIO IL GRANDE PADRE
PIO E SANTA FAUSTINA KOWALSKA, CHE VISITAVANO
LE ANIME SPIRITUALMENTE(LA PREGHIERA CI UNISCE
TUTTI IN DIO E PUO' TUTTO, ANCHE CONSOLARE ,
LENIRE SANARE , CONVERTIRE, GUARIRE; CHI NON
CAPISCE QUESTO NON E' DEGNO DI CRISTO E DEVE
ESSERE ESPULSO SUBITO   DALLA COMUNIONE CON I
CONGREGATI RELIGIOSI E LAICI   DEL TERZO ORDINE.

MASSIME DELLA REGOLA DIVINA E CONTEMPLATIVA

IL RELIGIOSO, DEVE VIVERE SOLO DELLA SS.
TRINITA' E RIVESTITO DI CRISTO GESU' IN TUTTO :
DELL' UMANITA' DI CRISTO, DELLA SUA DIVINITA',
SPECIALMENTE DELLA SUA VOLONTA' E ATTI DIVINI E
DELLA SUA CROCIFISSIONE , PIAGHE , SANGUE,
LACRIME, MERITI E PREGHIERE; QUESTO SI PUO' FARE
BENESSIMO SE SI E' UNITI SEMPRE AL DIVINO VOLERE ,
ATTRAVERSO IL GIRO DELL'ANIMA NEL REGNO DEL DIVINO
VOLERE(DI LUISA P.) E LA MEDITAZIONE
IMMEDESIMATIVA CON LE 24 ORE DELLA PASSIONE DI
GESU' E DI MARIA(DI LUISA P. E QUELLA FATTA DA
ME) ;PER TALE MOTIVO, TUTTI I GIORNI, I
RELIGIOSI DEVONO INSIEME NELLA CHIESA DELLE TRE
SS. TRINITA': CONDURRE LA PREGHIERA DEL GIRO
DELL'ANIMA DI LUISA E LE 24 ORE DELLA PASSIONE
DI GESU' E DI MARIA IN CONTINUAZIONE (PER 24
ORE) ALTERNANDOSI IN 6 GRUPPETTI   DI 12 RELIGIOSI
E 12 RELIGIOSE E 12 LAICI , DIO PROVVEDERA' A
DARCI IL NUMERO DI RELIGIOSI E LAICI
DISPONIBILI; SE NON CI SONO I NUMERI PER FARE
QUESTI 6 GRUPPETTI DI 12 DOVRANNO DIVENTARE   5,0

4, O 3, O 2, I GRUPPETTI(MA SEMPRE DI
12 PERSONE), E DEVONO FARE PER GRUPPETTO TUTTO
IL GIRO DELL'ANIMA; SE I GRUPPETTI SARANNO 6:
DEVONO FARE ,4 ORE DELLA PASSIONE DI CRISTO E 4 ORE
DELLA PASSIONE DI MARIA (DEL LIBRO MIO)E LA
MEDITAZIONE DEI 36 VOLUMI PER LE RIMANENTI ORE
O MINUTI CHE RIMARRANNO '; SE SONO 3 I GRUPPETTI
DEVONO RADDOPPIARE LE ORE DELLA PASSIONE DI
CRISTO E DI MARIA.

OGNI RELIGIOSO DEVE ALMENO UNA VOLTA O MEGLIO
ANCORA 2 VOLTE AL GIORNO PARTECIPARE ALLA SANTA
MESSA ; 2 VOLTE SARA' OBBLIGATORIO SE SONO MESSE
FESTIVE E SOLENNI, E DEVE ESSERE DOPPIA ANCHE
PER LE FESTIVITA' DI SAN GIOVANNI BATTISTA , SIA LA
NASCITA CHE LA MORTE, PER LA FESTA DI SANT' ELIA ,
DELLA MADONNA , DI LUISA , DI PADRE ANNIBALE, DI
BENEDETTO CALVI, DI TUTTI I CONFESSORI SANTI DI
LUISA , DI SAN GIUSEPPE, DELLA SS TRINITA', DELLA
SANTA FAMIGLIA. LE NOSTRE COMUNITA' , UNIVERSITA',
SCUOLE E ASILI , SANTUARI, CHIESE, CONVENTI,AVRANNO
COME PATRONI: LUISA P. , LA SANTA FAMIGLIA, LA SS
TRINITA', ELIA PROFETA ,SAN GIOVANNI BATTISTA,SANTA
FAUSTINA K., SAN LUIGI DE MONFORT , SAN DOMENICO,
SAN BONAVENTURA , SAN BERNARDO, I SANTI PROTETTORI
, PATRONI E COMPATRONI DELLA CITTA' IN CUI SI
PRESTA SERVIZIO A DIO,QUELLI DELLA NAZIONE, DELLA
REGIONE, DEL CONTINENTE ED ANCHE IN BASE AL NOME
NUOVO DI OGNI RELIGIOSO CHE CRISTO GLI DARA'
TRAMITE LA MADRE SUPERIORA PER LE DONNE, E IL
PADRE SUPERIORE PER GLI UOMINI. LE MADRI
SUPERIORE E I PADRI SUPERIORI DEVONO SEMPRE
ACCONSENTIRE: A LASCIARE A TURNO, LIBERI ,TUTTI I
RELIGIOSI PER LE MESSE E PER LE 24 ORE DELLA
PASSIONE DI GESU' E MARIA , IL GIRO DELL'ANIMA E
LA LETTURA DEI 36 VOLUMI DI LUISA E QUELLI MIEI
CON IL PROPRIO TURNO ASSEGNATOGLI DA LORO
STESSI(CIOE' DALLE MADRI E PADRI SUPERIORI) COME HO
SOPRADDETTO . I SUPERIORI: I LORO FIGLI

AFFIDATEGLI DA CRISTO, LI DEVONO AMARE COME FIGLI
DI DIO E POI COME FIGLI PROPRI NELLA DIVINA
VOLONTA' ED IN DIO PADRE , IN MARIA E IN LUISA, LA
MADRE NOSTRA.

ALTRI SANTI NOSTRI PATRONI E PROTETTORI DEL NOSTRO
ORDINE RELIGIOSO E LAICO DEL TERZO ORDINE, DEL
SANTUARIO, DEL CONVENTO ,ECC. SONO: ADAMO,EVA,
ABRAMO E SARA, SANTA MARTA CHAMBON, MARIA PIERINI
DE MICHELI(DELLA MEDAGLINA MIRACOLOSA DEL SANTO
VOLTO DI GESU'), SUOR AMALIA (DELLA CORONCINA DELLE
LACRIME DI MARIA),PADRE PIO (PERCHE' IO MI SONO
CONVERTITO GRAZIE ALLA STORIA DEI SUOI NUMEROSI
MIRACOLI ,E GRAZIE A LUI), SANTA RITA, (PERCHE MI
HA OTTENUTO DI CONOSCERE I LIBRI DI LUISA
PICCARRETA), GIOVANNI PAOLO II , (PERCHE' MI HA
OTTENUTO L'ISPIRAZIONE DI METTERE IL QUADRO DI
GESU' MISERICORDIOSO NELLA VILLA DELL'IMMACOLATE
DEL DIVINO VOLERE), SANTA BERNADETTE, (PERCHE' LA
PRIMA STATUA CHE IO COLLOCAI NELLA VILLA, FU'
LA MADONNINA DI LOURDES), I TRE PASTORELLI DI
FATIMA, (PERCHE' IL PRIMO MIRACOLO CHE IO EBBI
ALLA VILLA FU' NEL MAGGIO DEL 2000, ED IO   CREDO
CHE FU IL 13 MAGGIO, FESTA DELLA MADONNA DI FATIMA
ED ANNIVERSARIO DELLA SUA PRIMA APPARIZIONE A
FATIMA), PADRE ANDRESZ E PADRE SOPOCKO, SUOR
CONSOLATA BETRONE (PERCHE MI GUIDO' NEI PRIMI
ANNI DELLA MIA CONVERSIONE CON L'ATTO D'AMORE,
FORMANDO IL MIO SPIRITO NELL'AMORE DI GESU' E
MARIA), PADRE LORENZO SALES SUO PADRE
SPIRITUALE(DI SUOR CONS.), MADRE EUGENIA RAVASIO
, (PERCHE' MI ISPIRO' AD INTITOLARE IL CASALORE
AFFIANCO AL TUBO DELL'ACQUA MIRACOLOSA AL PADRE
ETERNO ED ALLA MADRE (MARIA SS E LUISA), PADRE
ANDREA D'ASCANIO SUO AMICO, I VEGGENTI MARIJA
PAVLOVIC ED IVANKA IVANKOVIC E PADRE JOZO,
(PERCHE' FIN DALL'INIZIO IO EBBI IL DESIDERIO
FORTE DI METTERE LI' UNA STATUA DELL'IMMACOLATA
UGUALE A QUELLA DI THIALJINA CHE TUTTI CHIAMANO
LA REGINA DELLA PACE, E POI EBBI ANCHE IL

DESIDERIO CHE LA CHIESA DELLE 3 SS TRINITA'
FOSSE MOLTO SOMIGLIANTE A QUELLA DI MEDJUGORJE,
E ANCHE PERCHE':LA PRIMA MESSA NELLA VILLA FU'
FATTA IL 25 MAGGIO 2011), SAN FRANCESCO E CHIARA
PERCHE' HO VISSUTO UN PERIODO AD ASSISI, ED
ANCHE LI', DIO MI HA DATO L'ACQUA MIRACOLOSA DEL
DIVINO VOLERE, SANT'ELISABETTA E ZACCARIA ,
GIOACCHINO ED ANNA , ROSA E NICOLA PICCARRETA , I
GENITORI DI SANT'ELIA E DI SAN GIUSEPPE , MAMMA
ROSA DI SAN DAMIANO DI PIACENZA , MADRE SPERANZA
DI COLLEVALENZA, BARBARA RUESS DI PFAFNOPHEN, ANNA
E SUO FRATELLO MARTIN HUMPH , PERCHE' QUESTA
APPARIZIONE SOMIGLIA NELLE DATE E IN CERTE COSE
ALLA STORIA CHE IO HO AVUTO A PORTO EMPEDOCLE .
SAN MICHELE , GABRIELE E RAFFAELE, SAN BENEDETTO E
SCOLASTICA, SANT'AGOSTINO E MONICA, SANT'ELENA E
COSTANTINO, I 13 APOSTOLI, SANTO STEFANO , IRENEO,
PANCRAZIO E PANTALEO, CRESCENZO E PLACIDA,SANTA
LUCIA,SANTA KATERINA EMMERICK, SANTA CATERINA DA
SIENA, QUELLA DI ALESSANDRIA, SANTA CATERINA
LABOURE',IL CONTE RUGGERO , SAN LUIGI RE, RE
DAVIDE, GIOISIA, EZECHIA, ZOROBABELE, SANT'ELISEO,
SANTA BRIGIDA , CIRILLO E METODIO, EDITH STEIN,
SANTA TERESA DEL BAMBIN GESU' PERCHE VERSO IL
2005 VENNE A TROVARMI NELLA MIA PARROCCHIA DI
PORTO EM.
 SAN SIMONE STOCK, I TRE RE MAGI E I TRE PASTORELLI
DI BETLEMME, TUTTI I VERI DISCEPOLI DI GESU',
MARTA , MARIA MADDALENA E TUTTE LE PIE DONNE CHE
STAVANO SOTTO LA CROCE, SAN LONGINO, SAN DISMA,
SANT'ANTONIO DI PADOVA,SAN LUIGI GONZAGA, SAN
FRANCESCO DA PAOLA, TUTTI GLI ANGELI CUSTODI DEI
NOSTRI CONGREGATI ME COMPRESO E DI PAPA
FRANCESCO E DEI NOSTRI PATRONI E COMPATRONI E DI
QUELLI MARIA , DI LUISA , DI GESU' , DI SAN
GIUSEPPE ECC.

ALTRE MASSIME DELLA REGOLA

SEMPRE IMMEDESIMARSI CON CRISTO IN TUTTE LE NOSTRE
AZIONI E QUINDI LETTURA E MEDITAZIONE DEI LIBRI
DI LUISA E QUELLI MIEI IN ORDINE DI VOLUME
CIOE' DAL PRIMO VOLUME A SALIRE ; NEL MESE DI
MAGGIO   LETTURA DEL GIORNO DEL LIBRO:LA REGINA
NEL REGNO DEL DIVINO VOLERE . I LIBRI DI LUISA
VANNO LETTI DENTRO LA CHIESA GRANDE IN UN LUOGO
CHE SARA' BEN SEPARATO DAGLI ALTRI FEDELI LAICI E
RELIGIOSI DI CONGREGAZIONE DIVERSA DA QUELLA
NOSTRA: CON UNA FINESTRA IN VETRO COMPLETAMENTE
CHIUSA CHE CONSENTE AI RELIGIOSI DI VEDERE
L'ALTARE E IL TABERNACOLO BEN VISIBILE A TUTTI I
RELIGIOSI E CHIAMATA LA STANZA DEGLI SPOSI; I
RELIGIOSI MASCHI E FEMMINE DEVONO ESSERE SEPARATI
IN 2 FILE DA UN SEPARE' IN VETRO E NON DEVONO
GUARDARSI,   SE NON PER POCHI SECONDI, SE SI NOTA
CHE VI SIA UN CERTO ATTACCAMENTO ANCHE UN PO
MORBOSO NON REGOLATO DALLO SPIRITO SANTO NEL
GUARDARSI SI PROVVEDA A SEPARARLI CON UNA TENDA ;
SEMPRE IN QUESTA STANZA DEVONO SEDERE TUTTI I
RELIGIOSI NOSTRI DURANTE LE FUNZIONI DELLA SANTA
MESSA , DELLE CORONCINE E DEI ROSARI, DELLA
MEDITAZIONE DELLA PASSIONE DI GESU' E QUELLA DI
MARIA, E DEL GIRO DELL'ANIMA .

 I RELIGIOSI AVRANNO A TURNO IL PERMESSO SEMPRE
E SOLO DATO DALLA MADRE SUPERIORA PER LE DONNE E
DAL PADRE SUPERIORE PER I MASCHI: DI OCCUPARSI
DEI GIARDINI, DELLA RACCOLTA DEI FIORI SE LO
RITERRANNO OPPORTUNO, O DELLA CURA DI ANIMALI
DOMESTICI , O PER LA RACCOLTA DI FRUTTI, MA IN OGNI
CASO NON DEVONO MAI STARE VICINI LE DONNE CON
GLI UOMINI(LA DISTANZA DEVE ESSERE DI ALMENO TRA
5 E 10 METRI E NON POSSONO PARLARE DI COSE NON
SPIRITUALI O ARGOMENTI ANCHE UN PO LUNGHI; SOLO
TRA RELIGIOSI DELLO STESSO SESSO POSSONO PARLARE
VICINI, MA SEMPRE PER NECESSITA' , BISOGNO ,
CARITA', PER FARE UNA PREGHIERA INSIEME O UNA
MEDITAZIONE SPIRITUALE, MA MAI PER DISCORSI
DISPERSIVI E MAI CON PERSONE FUORI LA NOSTRA

CONGREGAZIONE TRANNE PER MOTIVI DI CARITA' E
DEVONO ESSERE DISCORSI BREVI(IL DI PIU' VIENE
DAL MALIGNO DISSE GESU') . SE NON VI E' NESSUNA
URGENZA PARTICOLARE O CARITA' NEI DISCORSI : SI
FACCIA NOTARE QUESTO ACCADUTO AI SUPERIORI, IN
MODO CHE PRENDANO PROVVEDIMENTI DISCIPLINARI CON
COLUI O COLEI CHE HA DISOBBEDITO O LO SI ESPELLE
PER SEMPRE DALL'ORDINE RELIGIOSO O LAICO DEL TERZO
ORDINE ; PER POTER COSTUI RIENTRARE DEVE APPELLARSI
A ME DIRETTAMENTE, CHE NE VALUTERO' ATTENTAMENTE
IL CASO.
 ANCHE NEGLI OSPEDALI SI DEVE OPERARE SEMPRE
SEPARATI DAGLI ALTRI RELIGIOSI DI SESSO DIVERSO E
NON POSSONO RISPONDERE A NESSUNO DEI PAZIENTI O
AI FAMILIARI DEI PAZIENTI O ALLE IMFERMIERE E
DOTTORI LAICI E RELIGIOSE: PER COSE MONDANE, MA
SOLO PER COSE DI CARITA', E IL DISCORSO DEVE
SEMPRE ESSERE PIU' CORTO POSSIBILE, DI MASSIMO 3
MINUTI E PIU' CONCENTRATO POSSIBILE, NON SI
CERCHINO DISCORSI (SE NON SOLO PER CARITA' E
NECESSITA') MA SI DIANO SOLO RISPOSTE;

I FIGLI DEL DIVINO VOLERE LAICI O RELIGIOSI NON
DEVONO MAI ACCETTARE OFFERTE E DONI DATI
PERSONALMENTE A LORO , LE OFFERTE LIBERE VANNO
FATTE SOLO PER CONTO CORRENTE BANCARIO AL
NUMERO UFFICIALE DELLA CONGREGAZIONE O NEI PORTA
MONETE INSTALLATE NELLA CHIESA, MAI GIRARE COL
CESTELLO PER LA RACCOLTA DI OFFERTE, MAI
DOMANDARE OFFERTE AI FEDELI ; NON VOGLIO CHE
SI INDUCA CON DISCORSI: A FARE DELLE OFFERTE ;
SI METTANO DEI PORTAMONETE FISSI INSTALLATI
NELLA CHIESA E UN AVVISO BEN VISIBILE IN
CHIESA DEL NUMERO DI CONTO CORRENTE PER LE
OFFERTE E CON L'AVVISO SCRITTO: CHE NON SI
FACCIANO OFFERTE DI QUALSIASI TIPO , SE NON SI
HA ACQUISTATO ALMENO UNA GRAZIA DA DIO NEL
SANTUARIO O ATTRAVERSO L'ACQUA MIRACOLOSA O PER

UNA INTERCESSIONE CHIESTA ALLA NOSTRA
CONGREGAZIONE.
TUTTI I DONI   CHE NON RIGUARDANO DENARO, POSSONO
ESSERE   SOLO DATE AI SUPERIORI CHE   LI DARANNO
ALLE COMUNITA' DEI BISOGNOSI O AI BISOGNOSI   CHE
CHIEDONO AIUTO NELL'UFFICIO NOSTRO DELLA CARITA' E
DEVONO SEMPRE ESSERE PRIMA   DI DISTRIBUIRLE,
BENEDETTE CON L'ACQUA MIR. DEL DIVINO VOLERE. I
CONGREGATI INVECE DEVONO   PROVVEDERE AL LORO
SOSTENTAMENTO: CON I FRUTTI DEL GIARDINO O CON IL
RICAVATO DEI VARI LAVORI CHE I NOSTRI CONGREGATI
RELIGIOSI FARANNO : CHE IO VOGLIO CHE SIANO
SOLO OPERE DI CARATTERE SACRO O   PRODOTTI
ALIMENTARI RICAVATI DAI NOSTRI ALLEVAMENTI; I
SOLDI RACCOLTI DAI PORTA MONETE INSTALLATE DENTRO
LA CHIESA VANNO PER LE SPESE DI MANUTENZIONE DEL
SANTUARIO , DELLA CHIESA, DEL CONVENTO E SE NON VI
E' VERO BISOGNO PER LA MANUTENZIONE DI QUESTE COSE
LO SI DIA AI BISOGNOSI . TUTTO QUESTO PERCHE':
LA PROVVIDENZA PER I RELIGIOSI, DEVE VENIRE
DIRETTAMENTE DA DIO E NON DA UOMINI ; I
RELIGIOSI DEVONO VEDERE LA MANO DI DIO   CHE LI
SOVVIENE AD OGNI NECESSITA' E BISOGNO COME
AVVENNE CON IL POPOLO D'ISRAELE NEL DESERTO
PER 40 ANNI CHE FU' SOLO AIUTATO DA DIO ANCHE
NEL CIBO E NEGLI INDUMENTI; GLI INDUMENTI   DEI
NOSTRI RELIGIOSI   NON DEVONO MAI ESSERE
REGALATI DA ALCUNO, MA DEVONO ESSERE SOLO DI
PRODUZIONE PROPRIA, COSI' ANCHE PER GLI OGGETTI
SACRI NELLE CHIESE E NEI CONVENTI E COMUNITA'   E
SCUOLE NOSTRE, SE ABBIAMO   CHI LI PUO' E LI SA
PRODURRE DENTRO LA CONGREGAZIONE DI RELIGIOSI E
LAICI. SE NO IO STESSO PROVVEDERO' A QUESTI
MATERIALI ED INCLUDO NELL'ALENCO ANCHE: MOBILI ,
ARMADI , CUCINA E ALTRO;
   NON SI SPENGA DENARO PER RINNOVARE QUESTE
COSE SOPRADETTE, MA SI CERCHI SEMPRE DI
RIPARARLE DA NOI STESSI E SE I SUPERIORI
RITENGONO CHE VANNO COMPLETAMENTE SOSTITUITI LO
SI DEVE SEMPRE DIRE A ME . IL SUPERIORE DEVE

SEMPRE FAR TENERE LE CHIESE IN ORDINE E PULITI
AL MASSIMO, PERCHE' E' LA CASA DI DIO, E DEVONO
FAR RESTAURARE GLI OGGETTI SACRI E LA CHIESA,
SE QUESTI SI MOSTRANO ANCHE UN PO CONSUMATI,
SEMPRE AVVISANDO ME IN TUTTO.

PER IL SOSTENTAMENTO DELLA CONGREGAZIONE SI
CREERANNO CON LE OFFERTE LIBERE DI COLORO CHE
HANNO RICEVUTO GRAZIE NEL SANTUARIO, DELLE
PICCOLE AZIENDE DI CARATTERE SPIRITUALE
SOPRATTUTTO , COME CREAZIONE DI OGGETTI SACRI DI
VARIO GENERE E AZIENDE AGRIGOLE E PASTORIZIE,
PESCICULTURA ,FIORI, APICULTURA E TUTTO CIO' CHE
DA ESSE NE PUO' DERIVARE, COME PRODOTTI
ALIMENTARI . I SOLDI GUADAGNATI DA QUESTE
ATTIVITA' CHE DEVONO ASTENERSI COMPLETAMENTE DA
OGNI LUCRO :DEVONO ESSERE SPESE SEMPRE CON IL MIO
BENEPLACITO PER IL BENE DEI PIU' BISOGNOSI, COME
: CREARE ALLOGGI PER FAMIGLIE POVERE , PER
PELLEGRINI POVERI, OSPEDALI, CLINICHE , AZIENDE DI
MEDICINE E LABORATORI , UNIVERSITA' PER DOTTORI
E ARTISTI DEL SACRO;LE OFFERTE SPONTANEE NON
INDOTTE (PER NESSUN MOTIVO) DEVONO ANDARE PER LE
SPESE DEI SANTUARI DEL DIVINO VOLERE E PER APRIRE
OSPEDALI, COMUNITA' PER I BISOGNOSI: VEDOVE E
ORFANI,DISOCCUPATI, DROGATI O UBRIACONI CHE
VOGLIONO ESSERE AIUTATI A DISINTOSSICARSI ,
ALLOGGIO(NON PIU' DI UNA SETTIMANA DI
PERNOTTAMENTO) A PELLEGRINI CHE HANNO BISOGNO DI
AIUTO ECONOMICO(A QUESTI GLI AIUTI SARANNO SOLO
PER COSE DI NECESSITA' , COME: VIVERI PER IL
VIAGGIO DI RITORNO E BIGLIETTO DI VIAGGIO O
MEDICINE O ALTRO DI STRETTA NECESSITA').

GLI OGGETTI SACRI VANNO VENDUTI IN OFFERTA
LIBERA O METTENDO UN PREZZO MINIMO CHE SIA
UGUALE AL COSTO DI PARTENZA ,MA AI POVERI DEVONO
ESSERE REGALATI , SOLO PERO' IN UNITA' , CIOE'
OGNI PERSONA BISOGNOSA SI DEVE REGALARE UN
OGGETTO SACRO PICCOLO DI VARI TIPI RAPPRESENTANTI

IL SANTUARIO E I SACRAMENTALI CHE INDOSSANO I
NOSTRI CONGREGATI ; ANCHE QUADRI SEMPRE IN
UNITA',E DI VARI TIPI DI DIMENSIONI, NON
SUPERIORI A 1, 5 METRI E SOLO QUELLI CHE
RAFFIGURANO LE IMMAGINI SACRE DENTRO E FUORI LA
CHIESA O DEL SANTUARIO ; I BISOGNOSI CHE
RICHIEDONO CIO': NON DEVONO ESSERE DI ASPETTO
IPOCRITA, BEFFARDI E APPROFITTATRICI, MA PERSONE
CHE SI MOSTRANO SINCERI DI CUORE, PERCHE' COME
DICE GESU' :"NON DATE LE COSE SACRE AI PORCI E AI
CANI PERCHE' SI RIVOLTERANNO CONTRO DI VOI" .

I PRESTITI IN DENARO VANNO DATI SOLO AI VERI
BISOGNOSI E A QUELLI CHE: NECCESITANO DI SOLDI
PER AVVIARE UN ATTIVITA' A TITOLO DI CREARSI UN
PROPRIO LAVORO AUTONOMO CHE: NON ABBIANO
AMBIZIONI DI LUCRO, MA SOLO DI NECESSITA' ,
BISOGNO O AIUTO PER ALTRI DISOCCUPATI; IN OGNI
CASO I PRESTITI NON DEVONO SUPERARE I 15000
EURO E LE ATTIVITA' DEVONO PASSARE ALLA NOSTRA
DIREZIONE AMMINISTRATIVA,E SOLO DOPO APPURATI
CONTROLLI DI VERIFICA , CIOE': SE L'ATTIVITA'
CHE SI VUOLE INTRAPRENDERE E' FONDATA SU BASE
SOLIDA E SICURA E SENZA CHE VI POSSA ESSERE
INQUINAMENTO CON ATTIVITA' CHE NON CONDUCONO
ALLA CRESCITA DELLO SPIRITO, MA NE OSTACOLANO LA
CRESCITA,PERCIO': DEVE ESSERE NOMINATO
AMMINISTRATORE DI TUTTE QUESTE PICCOLE ATTIVITA'
UN UOMO SANTO IN CUI VI E' UNO SPIRITO FORTE E
GRANDE DI CARITA' E DI DISCERNIMENTO, UN UOMO
SAPIENTE E PIENO D'AMORE E FORTEZZA CHE SARA'
NOMINATO DA ME O DA CHI FARA' LE MIE VECI IN
MIA ASSENZA E DEVE ESSERE UN SACERDOTE O UNA MADRE
SUORA, E LA CONGREGAZIONE DEVE DIVENIRNE
AMMINISTRANTE DI QUELL'ATTIVITA' AL 100%.

GLI AMMINISTRANTI , DEVONO ESSERE, O SACERDOTI
DA ME INCARICATI O IO STESSO, O MADRI E PADRI
SUPERIORI   CHE, AVRANNO IL TOTALE CONTROLLO
DI OGNI ATTIVITA' AMMINISTRATIVA ANCHE PER GLI

OSPEDALI E CLINICHE, E SARANNO COADUVIATI DA
FERVOROSI DOTTORI NELLO SPIRITO CHE LAVORERANNO
INSIEME PER ORGANIZZARE MEGLIO LA CARITA'
NELL'OSPEDALE ; LE SUORE E I FRATI POSSONO FARE
GLI IMFERMIERI , I DOTTORI E I CHIRURGHI SE
HANNO CONSEGUITO UN DIPLOMA , UNA LAUREA IN QUESTO
CAMPO, E DEVONO OPERARE IN REPARTI CHE,
COMPETONO AL PROPRIO SESSO (MASCHILE O FEMMINILE);
CIOE' I FRATI NEI REPARTI DEI MASCHI E LE SUORE
NEL REPARTO DELLE DONNE E NON DEVONO MAI PARLARE
CON NESSUNO SALVO CON I PAZIENTI , I DOTTORI,
LE IMFERMIERE E I PARENTI DEI PAZIENTI , MA SEMPRE
PER NECESSITA', URGENZA E CARITA' E CON
POCHISSIME PAROLE O SEMPRE CON FRASI PIU' CORTI
E CONCENTRATI POSSIBILE;NON DEVONO MAI OPERARE DA
SOLI, MA IN 2 (DELLO STESSO SESSO)SENZA
SEPARASI MAI, LO POTRANNO SOLO PER STRETTISSIMA
NECESSITA' , UNO DEVE ESSERE IL CUSTODE
DELL'ALTRO(A) ; DEVONO SEMPRE PREGARE INSIEME ED
ESSERE UN SOLO SPIRITO , UN ANIMA SOLA. LA MADRE
S. ,IL PADRE S. OD IO : PROVVEDEREMO AD UNIRE
QUESTE COPPIE DI ANGELI UMANI, IN MODO ACCURATO
O USANDO IL SISTEMA DEL SORTEGGIO, PREGANDO LO
SPIRITO SANTO SEMPRE IN OGNI AZIONE CHE SI DEVE
INTRAPRENDERE.

LA VITA DEI RELIGIOSI DEL DIVINO VOLERE, DEVE
ESSERE QUASI TUTTA CONTEMPLATIVA : BASATA SUGLI
STUDI DELLE VERITA' ETERNE SUL DIVINO VOLERE,
ALMENO 2 ORE AL GIORNO DI LETTURA INIZIANDO DAL
I° VOLUME DI LUISA , SE E' POSSIBILE: IN UNIONE
CON TUTTI GLI ATRI E IN CHIESA; TUTTI DEVONO FARE
L'INTERO ROSARIO O UNA CORONA DI ROSARIO DI
MARIA E DI LUISA AL GIORNO, LA CORONCINA DELLE
PIAGHE DI GESU' E DELLA MISERICORDIA VERSO LE
ORE 15:00 , NON E' PERMESSO FARLA IN UN ALTRA
ORA NEMMENO SE SI STA LAVORANDO(CHI DEVE LAVORARE
IN QUEST'ORA E QUESTO VALE SOLO PER QUELLI CHE
OPERANO NELL'OSPEDALE , LA DEVONO RECITARE
MENTALMENTE ANCHE LAVORANDO, POICHE': E' FATTA

CON FRASI CORTE, E QUINDI FACILI DA DIRE
MENTALMENTE); TUTTI TRANNE QUELLI CHE OPERANO
NELL'OSPEDALE PER MOTIVI CHE SI COMPRENDE
BENISSIMO DEVONO LASCIARE OGNI ATTIVITA' E FARE LA
CORONCINA DENTRO LA CHIESA GRANDE DEL SANTUARIO NON
NEL CONVENTO, E SE NON VI E' POSTO IN CHIESA SI
FA NEL SANTUARIO ALL'APERTO DAVANTI AL QUADRO DI
SANTA FAUSTINA ; IN CHIESA SI FARA' DAVANTI
ALL'EUCARESTIA CHE, DEVE ESSERE QUESTA:SEMPRE
ILLUNINATA CON RAGGI ROSSI E BIANCHI CHE PARTONO
DALL'EUCARESTIA VERSO I FEDELI ;IL SACERDOTE CHE
CELEBRA LA MESSA IN QUELL'ORA: E' TENUTO A FARE
PAUSA TRANNE SE VI E' IN CORSO LA CONSACRAZIONE
DELL'OSTIA (RIPRENDERA' LA MESSA NEL MOMENTO CHE
SI DEVE RECITARE IL PADRE NOSTRO;(le coroncine
della MISERICORDIA si devono ritenere parte
integrante della messa)E IL SACERDOTE: DEVE
GUIDARE LA RECITA DELLA CORONCINA.

I FIGLI DEL DIVINO VOLERE ANCHE I LAICI DEL 3°
ORDINE DELLE SS TRINITA':DEVONO ESSERE TUTTI SANTI
E IMMACOLATI, PENA NE VALE L'ESPULSIONE
IMMEDIATA DALL'ORDINE PER SEMPRE, DEVONO VESTIRE
CON UNA MAGLIETTA SOTTO L'ABITO UFFICIALE(PER I
RELIG.) CHE ABBIA IMPRESSO IN TUTTA LA SUA
ESTENSIONE L'IMMAGINE DI GESU' CROCIFISSO,
DAVANTI,(CON LE PREGHIERE: GESU' INFINITAMENTE
MISERICORDIOSO CONFIDO E SPERO INTE, DONACI
SEMPRE LA TUA VOLONTA' IN TUTTE LE NOSTRE AZIONI,
PRENDITI SEMPRE LA NOSTRA E RIVESTICI DELLA TUA
CROCIFISSIONE, DELLA TUA PASSIONE DELLE 24 ORE, DI
TUTTI I TUOI ATTI , DI TUTTO CIO' CHE SEI E CHE HAI
ALL'INFINITO PER L'INFINITO ,NELLA DIVINA VOLONTA'
", E LA SCRITTA: VADE RETRO SATANA TI DISPREZZO
PERCHE' IO SONO PER L'ETERNITA' SOLO DEL DIVINO
VOLERE E DELLE TRE SS. TRINITA', AMEN , AMEN ,
AMEN).

DIETRO SULLE SPALLE INVECE VI SARA' MARIA
CROCIFISSA COME GESU' CON LE STESSE PAROLE CHE VI

SONO DAVANTI CON GESU' CROCIFISSO CIOE': CON LE
PREGHIERE: MARIA IMMENSAMENTE MISERICORDIOSA
CONFIDO E SPERO INTE DONACI SEMPRE LA TUA
VOLONTA' IN TUTTE LE NOSTRE AZIONI , PRENDITI
SEMPRE LA NOSTRA E RIVESTICI DELLA TUA
CROCIFISSIONE, DELLA TUA PASSIONE DELLE 24 ORE, DI
TUTTI I TUOI ATTI , DI TUTTO CIO' CHE SEI E CHE HAI
ALL'INFINITO PER L'INFINITO ,NELLA DIVINA VOLONTA',
E LA SCRITTA: VADE RETRO SATANA TI DISPREZZO
PERCHE' IO SONO PER L'ETERNITA' SOLO DEL DIVINO
VOLERE E DELLE TRE SS. TRINITA', AMEN , AMEN ,
AMEN.

L'ABITO UFFICIALE INVECE DEVE ESSERE DI 2 TIPI
: UNO AZZURRO COME IL CIELO CON UNA CROCE DI LEGNO
MARRONE E MACCHIETTATA COME DI SANGUE
ROSSO:DISEGNATA SULLA SPALLA DESTRA COME SE
PORTASSERO LA CROCE DI CRISTO VERSO IL CALVARIO
E DAVANTI UNA SCRITTA :" IO SONO ETERNAMENTE DEL
DIVINO VOLERE, IO SONO LA DIVINA VOLONTA'."

DIETRO, LA SCRITTA: "IO SONO ETERNAMENTE DEL
DIVINO AMORE" , IO SONO L'AMORE INFINITO",

GLI ABITI AVRANNO IL CAPPUCCIO, ANCHE
PER LE DONNE, CHE PORTERANNO I CAPELLI SEMPRE CORTI
O MASSIMO LUGHI FINO ALLA NUCA ED IL VELO BIANCO
SUL CAPO;I MASCHI DEVONO PORTARE SEMPRE CAPELLI
CORTISSIMI; I SACERDOTI DEVONO ANCHE PORTARE
SEMPRE SUL CAPO UN BERRETTINO DA PRETI CHE SI
DEVONO TOGLIERE SOLO DURANTE LA MESSA . SUL
FIANCO DESTRO TERRANNO AMBEDUE I SESSI: UN GROSSO
ROSARIO E SUL COLLO VISIBILE ESTERNAMENTE ANCHE UN
ALTRO ROSARIO CON LE MEDAGLINE MIRACOLOSE
DELL'IMMACOLATA , DEL VOLTO SANTO DI GESU', DELLE
TRE SS. TRINITA', DI SAN MICHELE,GABRIELE ,
RAFFAELE , DELL'ANGELO CUSTODE , DEL PROPRIO SANTO
PROTETTORE, DI SAN BENEDETTO ED IL CROCIFISSO DEL
DIVINO VOLERE LUNGO 12:-15 CM E LARGO 6:- 8 CM ;
LA PREDICAZIONE DEI FIGLI DEL DIVINO VOLERE DEVE

ESSERE FATTA TUTTA IN GRAN PARTE SUL DIVINO VOLERE
, SUGLI SCRITTI DI LUISA , E POI ANCHE,   IN
QUANTITA' MINORE: SULLA DEVOZIONE VERA A MARIA,
BASATA SUGLI SCRITTI DI SAN LUIGI MARIA DE MONFORT
, SULLA DEVOZIONE A LUISA PICCARRETA,ALLA PASSIONE
DI GESU' E DI MARIA , ALLA DIVINA MISERICORDIA:
BASATA SUGLI SCRITTI DI SANTA FAUSTINA KOWALSKA, AL
DIVINO AMORE: BASATA SUGLI SCRITTI DI SUOR
CONSOLATA BETRONE, E DEVONO OPERARE PER LA
DISTRUBUZIONE DI QUESTI LIBRI, SPECIALMENTE QUELLI
DEL DIVINO VOLERE DI LUISA E QUELLI MIEI E I
LIBRICINI (NON PIU' DI 200 PAGINE)
SULL'APPARIZIONE DI MEDJUGORJE E SUI MESSAGGI DI
MEDJUGORJE , LIBRI CHE, PARLANO SULLE
RIVELAZIONI DATI A SUOR MARTA CHAMBON SULLE PIAGHE
DI GESU', A SUOR EUGENIA RAVASIO (IL PADRE
PARLA AI SUOI FIGLI), A SANTA FAUSTINA
KOWALSKA(IL DIARIO DI S. F.), A SUOR AMALIA (SULLA
CORONCINA DELLE LACRIME DI MARIA), SUL
PREZIOSISSIMO SANGUE DI GESU' DI SAN GASPARE DEL
BUFALO; DIFFONDERANNO A TUTTI LA PREGHIERA DI
SAN GERTRUDE CHE SALVA MILLE ANIME E LIBERA MILLE
ANIME PURGANTI, ED I LIBRI SUL SACRATISSIMO CUORE
DI GESU' E DI MARIA DI SANTA MARGHERITA
ALACOQUE, SULL'APPARIZIONE DI PARIGI DELLA
MEDAGLINA MIRACOLOSA E LE RIVELAZIONI DI SUOR
MARIA PIERINI DE MICHELE SULLO SCAPOLARE DEL VOLTO
SANTO DI GESU', QUELLO A SAN SIMONE STOCK SULLO
SCAPOLARE DEL CARMELO, E TUTTI I LIBRI MIEI CHE HO
SCRITTO E CHE SCRIVERO'.

   L'ALTRO ABITO DEVE ESSERE BIANCO   PER IL
PERIODO DI CALDO (DALLA PRIMAVERA   A FINE
ESTATE) E DEVE ESSERE COME QUELLO AZZURRO CON
LA CROCE SULLA SPALLA E LE STESSE SCRITTE DAVANTI
E DI DIETRO. LE MAGLIETTE SOTTO L'ABITO CON LE
IMMAGINI DI GESU' E MARIA CROCIFISSI NON DEVONO
MAI ESSERE TOLTE, NEMMENO DURANTE IL RIPOSO
NOTTURNO; PERCIO': OGNI RELIGIOSO NE DOVREBBE
AVERE ALMENO 4 PER IL RICAMBIO, ANCHE GLI

INDUMENTI INTIMI DEVONO PORTARE IL CROCIFISSO DISEGNATO CON LE STESSE SCRITTE AVANTI E DIETRO E ANCHE LE LENZUOLA DEL LETTO , IL MATERASSO, E COSI' ANCHE TUTTI I LETTI, LE LENZUOLA DELL'OSPEDALE , DELLE COMUNITA' DEGLI ALLOGGI AI POVERI BISOGNOSI ; LE STANZE DEVONO ESSERE PIENI DI QUESTE IMMAGINI SACRE CON QUESTE PAROLE E CON ALTRE IMMAGINI SACRE MIRACOLOSE FAMOSE, COME : LA MADONNA DELLA PACE DI THIALJINA, QUELLA DEL SANTUARIO DEL DIVINO VOLERE DI PORTO EMPEDOCLE ,E QUELLE DI GESU' INFINITAMENTE MISERICORDIOSO ,E LE IMMAGINI SPECIALMENTE DEI NOSTRI SANTI PROTETTORI , PATRONI E COMPATRONI FRA CUI SE NON L'HO DETTO VI SONO ANCHE SANTA MARGHERITA ALACOQUE , SAN FRANCESCO E CHIARA, SANTA CATERINA PERCHE' PATRONA D'ITALIA , SAN BENEDETTO , SANTA BRIGIDA , EDITH STEIN , CIRILLO E METODIO PERCHE' PATRONI D'EUROPA, SAN MICHELE , GABRIELE E RAFFAELE E TUTTI GLI ANGELI CUSTODI DEGLI APPARTENTI ALL'ORDINE RELIGIOSO E LAICO DEI FIGLI DEL DIVINO VOLERE , E I GENITORI DI MARIA , DI LUISA , DEI FIGLI DEL DIVINO VOLERE, DI SAN GIOVANNI BATTISTA DI SANT'ELIA , IL PAPA E I SUOI GENITORI, I GENITORI DI SAN GIUSEPPE ,I GENITORI DI PADRE PIO DI PADRE ANNIBALE, , I GENITORI DEI NOSTRI CONGREGATI CHE SONO MORTI: SE I CONGREGATI HANNO DIMOSTRATO DI AVERE VERA SANTITA' .

. PER LE FESTIVITA' DEI NOSTRI SANTI PROTETTORI , PATRONI E COMPATRONI : LE CAMPANE DEVONO SUONARE A MEZZOGIORNO IN GRAN FESTA E GIUBILO E TUTTI I CONGREGATI RELIGIOSI DEVONO IN QUESTI GIORNI AVERE LE DISPENSE SU TUTTI GLI ALTRI SERVIZI DI PREGHIERA E DI LAVORO (TRANNE PER QUELLI CHE DEVONO OPERARE IN OSPEDALE); QUESTO SARA' UN GIORNO LIBERO PER TUTTI I RELIGIOSI E LAICI, MA IL GIORNO LIBERO CONSISTERA', NON NEL DISPERDERE LO SPIRITO DI PREGHIERA E CONTEMPLAZIONE IN COSE UMANE , MA NEL POTER IN LIBERTA' RIUNIRSI INSIEME

(SEMPRE CON QUELLI DELLO STESSO SESSO :I
RELIGIOSI) PER DELLE PREGHIERE IN GIARDINO
ALL'ARIA APERTA , E SEMPRE DENTRO I SANTUARI DEL
DIVINO VOLERE (CHE AVRANNO SEMPRE DEI BELLISIMI
GIARDINI PIENI DI FIORI E DI ANIMALI COME:
PAVONI ,OCHE, GALLINE , CONIGLI, PERCHE' DEVONO
FAR PENSARE SEMPRE AL GIARDINO DELL'EDEN) E
POSSONO PARLARE DI DIO (NON DI COSE MONDANE) FRA
DI LORO; PERO' IL ROSARIO DI MARIA E DI LUISA
E IL ROSARIO DEL PADRE COME ANCHE LE 2 CORONCINE
DELLA MISERICORDIA E DELLE PIAGHE DI GESU' E LE 24
ORE DELLA PASSIONE DI GESU' E DI MARIA SONO TENUTE
A FARLE SEMPRE INSIEME E MAI DA SOLE O CON
RELIGIOSI E LAICI DI DIVERSO SESSO, SOLO LO
POSSONO CON QUESTI, SE SI METTONO IN GRUPPETTI
SEPARATI DISTANTI FRA LORO ALMENO 10 METRI, E
MAI SONO TENUTI A PARLARE DI COSE FUORI LO
SPIRITO : LE COSE DEL MONDO E DELLA CARNE NON
DEVONO MAI ENTRARE NEI DISCORSI DEI FIGLI DEL
DIVINO VOLERE E DEVONO SEMPRE PARTECIPARE ALMENO
A 2 MESSE: NEL GIORNO DI QUESTE FESTE .

RIBADISCO ANCORA: ANCHE QUANDO SI LAVORA NEI
GIARDINI E SI INCONTRA UN RELIGIOSO O LAICO DI
SESSO OPPOSTO SI DEVE TENERE LA DISTANZA DI
ALMENO 5:-10 METRI E SENZA PARLARE(TRANNE PER
MOTIVI DI NECESSITA' URGENTE, E SEMPRE ATTINENTE
ALLO SPIRITO ,ALLA PREGHIERA O AL LAVORO CHE SI
STA SVOLGENDO); CHI ROMPE QUESTA REGOLA E
VIENE TROVATO ANCHE A SFIORARE O A TOCCARE
L'ALTRO SESSO ANCHE SE PER MOTIVI DI COMFORTO
DEVE ESSERE ESPULSO DALL'ORDINE E PUO' RIENTRARE
SOLO SE FA RICORSO A ME ED IO NE APPROVO LA SUA
RIAMMISSIONE . OVVIAMENTE QUESTE REGOLE VALGONO
SOLO PER I RELIGIOSI; PER I LAICI LA REGOLA SARA'
UGUALE A QUELLA DEI RELIGIOSI SOLO : PER LE
MESSE, LE PREGHIERE E LE MEDITAZIONI DEI LIBRI
DI LUISA E MIEI, E DEI FIORETTI , DIGIUNI , CHE
INDICHERO'; E POSSONO ESSERE DISPENSATI DA QUESTE
COSE: SOLO DA UN CONFESSORE PADRE SPIRITUALE DEL

NOSTRO ORDINE O DA UN SUPERIORE CHE: PER LE
DONNE SARA' LA MADRE SUPERIORA DEL SANTUARIO E
PER I MASCHI SARA' IL PADRE SUPERIORE.

LE PREGHIERE OBBLIGATORIE PER TUTTI (RELIGIOSI E
LAICI DEL TERZO ORDINE) RIBADISCO SONO :

ALLE 15:00 LA CORONCINA DELLA MISERICORDIA E POI
SUBITO DOPO QUELLA DELLE PIAGHE . IL ROSARIO
INTERO DI MARIA E DI LUISA(O SOLO UNA PARTE, SE IL
RELIGIOSO O IL LAICO NE E' DISPENSATO DAL
SUPERIORE). IL ROSARIO DEL PADRE DI EUGENIA
RAVASIO, LE SETTE GIOIE E DOLORI DI SAN GIUSEPPE,
LA PREGHIERA DI SAN GERTRUDE CHE SALVA MILLE ANIME
(ALMENO 10 AL GIORNO), LA PREGHIERA ALL'ANGELO
CUSTODE LA MATTINA E POI ALLA SERA, LA PREGHIERA
DEL PADRE CHE HO SCRITTO IO : UNA LA MATTINA AL
RISVEGLIO E L'ALTRA PRIMA DI ANDARE A DORMIRE,
COSI' ANCHE A:SAN MICHELE ARC., GABRIELE
E RAFFAELE, ALMENO UNA LA MATTINA E UNA ALLA SERA:

PREGHIERA A GLI ARCANGELI:

SAN MICHELE , GABRIELE E RAFFAELE ARC. CON LA
VOSTRA LUCE ILLUMINATECI , CON LA VOSTRA SPADA
DIFENDETECI, SOTTO LE VOSTRI ALI PROTEGGETECI E
CONSACRATECI SEMPRE , LIBERATECI DA OGNI MALE, E
FATECI SEMPRE VINCERE SUL DEMONIO E SUL NOSTRO
UMANO VOLERE,SPECIALMENTE LA NOTTE QUANDO LA
NOSTRA MENTE RIMANE INTONDITA , PER LA
CROCIFISSIONE , MORTE E PASSIONE DI GESU' E MARIA,
NELLA DIVINA VOLONTA';

O UNA CORTA DEL TIPO(O UNA A PIACERE): SAN
MICHELE GABRIELE E RAFFAELE CUSTODITECI SEMPRE NEL
DIVINO VOLERE

ALLE TRE SS. TRINITA' ,AI NOSTRI ANGELI CUSTODI ,
AI NOSTRI SANTI PROTETTORI , PATRONI E COMPATRONI E
A TUTTI GLI ANGELI E AI SANTI CHIEDETE LA STESSA

COSA CHE STA SCRITTO NELLA PREGHIERA AI TRE ARCANGELI, CIOE': DI FARVI VINCERE SEMPRE SOPRA IL NOSTRO UMANO VOLERE E IL DEMONIO, SPECIALMENTE LA NOTTE : PER LA CROCIFISSIONE DI GESU'.

OGNI GRAZIA CHE I RELIGIOSI E I LAICI DEL TERZO ORDINE DESIDERANO DA DIO PER SE STESSI , SE LA DEVONO PRENDERE, PERCHE I FIGLI DEL DIVINO VOLERE NON SONO SERVI MA FIGLI E QUINDI EREDI DI TUTTO CIO' CHE E' DI DIO.

I RELIGIOSI, SE HANNO ATTIVITA' LAVORATIVE COME HO DETTO SOPRA : AZIENDE DI OGGETTI SACRI O NEGOZI DI OGGETTI SACRI , ATTIVITA' DI PASTORIZIA , AGRIGOLTURA , PESCICULTURA ECC. , DEVONO PRENDERE DEI LAVORATORI PER AIUTO, SE NE HANNO DI BISOGNO, SOLO: DAI LAICI DEL TERZO ORDINE CHE, DEVONO ESSERE SANTI COME I RELIGIOSI , SANTI DEL DIVINO VOLERE, PENA NE VALE L'ESPULSIONE IMMEDIATA , E POSSONO SEMPRE, ANCHE QUESTI ESPULSI: APPELLARSI A ME PER RIENTRARE DI NUOVO NELL'ORDINE DEI LAICI . I LAVORI PER I LAICI DEVONO ESSERE SEMPRE FATTI, NELL'ORDINE COME HO DETTO PER I RELIGIOSI , CIOE': I MASCHI CON I MASCHI E LE DONNE CON LE DONNE E POSSONO ANCHE LAVORARE INSIEME AI RELIGIOSI (DELLO STESSO SESSO); SE UN LAICO NO SA MANTENERE IL SILENZIO DURANTE IL LAVORO O NON LAVORA CON COSTANZA E AMORE, DEVE ESSERE ESPULSO, PERCHE' LA PIGRIZIA E LA LINGUA SCIOLTA , NON DEVONO ESISTERE MAI, PERCHE' NON FA PARTE DELLA SANTITA' DEL DIVINO VOLERE(ECCETTO SE PARLA PER EDIFICARE IL PROSSIMO) . I RELIGIOSI SONO OBBLIGATI PER OBBEDIENZA A ME: A DIRE SUBITO CHI NON SI COMPORTA DA SANTO: SIA TRA I RELIGIOSI E SIA TRA I LAICI DEL TERZO ORDINE, ANCHE SE IL DISUBBIDIENTE E' UN SUPERIORE O UN CONFESSORE; MAI NESSUN LIEVITO DI SATANA DEVE ENTRARE NELLA CONGREGAZIONE, IO NE DEVO ESSERE IMFORMATO DAI RELIGIOSI O DAI LAICI: DI TALI INDIVIDUI: PRIMA

DEI SUPERIORI STESSI, E DOPO , SE IO LO RICHIEDO:
PUO' ESSERNE IMFORMATO ANCHE IL SUPERIORE; IL
SUPERIORE CHE SA CHE DENTRO LA CONGREGAZIONE
CI SONO TALI INDIVIDUI E FA SILENZIO A ME: VERRA'
ESPULSO SUBITO DA ME DALL'ORDINE, TRANNE CHE
SAPPIA DISCOLPARSI DA QUESTO ERRORE COMMESSO: CHE
PUO' ESSERE MOLTO NOCIVO PER LA VITA DI SANTITA'
DEGLI ALTRI MEMBRI, PERCHE' POSSONO SUBIRE
CONDIZIONAMENTI DAL MALE , PER COLPA DI QUESTI
TALI .

    GLI OCCHI DEI SUPERIORI DEVONO ASSOLUTAMENTE
INDAGARE PRIMA DI OGNI ALTRA COSA E MOLTO PIU' DI
OGNI ALTRA COSA DENTRO LE ANIME DEI CONGREGATI :
SE VI SIA SINCERITA' O IPOCRISIA NEL SEGUIRE
DIO; SE I SUPERIORI NON HANNO QUESTO CARISMA:
DEVONO AVVISARMI SUBITO, COSI' CHE IO PROVVEDERO'
A SOSTITUIRLI CON ANIME CHE HANNO QUESTO SPIRITO
DI DISCERNIMENTO; OLTRE A QUESTO SPIRITO, I
SUPERIORI : DEVONO AVERE DISTACCO DALL'INFLUENZA
UMANA,E SI DEVONO SUBITO DISTACCARE DA CHI SI
COMPORTA IN MODO UMANO, DEVONO AVERE FERMEZZA DI
SPIRITO, FORTE E RISOLUTO, DETERMINATO AD ESEGUIRE
LA VOLONTA' DI DIO ANCHE NELLA SEVERITA'(SEMPRE
SENZA IRA E NERVOSISMO MA CON FERMEZZA DIVINA E
GIUSTIZIA DI DIO), E DEVONO ESSERE MISERICORDIOSI
SOLO SULL'ASPETTO DELL'AMORE SPIRITUALE E
FRATERNO, MA MAI TOLLERANTI VERSO CHI:NON HA LA
SANTITA' DEL DIVINO VOLERE E NON PUO' ASSOLUTAMENTE
RESTARE NEL NOSTRO ORDINE ; ALTRIMENTI SAREMO NON
FIGLI DEL DIVINO VOLERE DI FATTO MA SOLO PER NOME
,CIOE' CADREMO NELL'IPOCRISIA, DOVE LA GIUSTIZIA
DI DIO SI FARA' SENTIRE MOLTO TREMENDAMENTE
NEL GIORNO DEL GIUDIZIO FINALE.

QUANDO SI LAVORA O QUANDO SI E' LIBERI DA IMPEGNI ,
TUTTI DEVONO FARE A MENTE: IL GIRO DELL'ANIMA A
MODO PROPRIO O LA GIACULATORIA :

GESU' GIUSEPPE, MARIA E LUISA VI AMO SALVATE LE
ANIME E TRASFORMATE SEMPRE LA NOSTRA VOLONTA' IN
DIVINA , NELLA DIVINA VOLONTA'.

OPPURE:
 PER LA SUA DOLOROSA PASSIONE E CROCIFISSIONE ABBI
MISERICORDIA DI TUTTI E DONACI IL TUO REGNO, NELLA
DIVINA VOLONTA'.

ANCHE I SUPERIORI E I LAICI , DEVONO PREGARE
INTERIORMENTE COSI' ; QUESTO E' MOLTO IMPORTANTE
: CHE LA MENTE DURANTE IL LAVORO PREGHI SEMPRE ,
PER NON LASCIARE SCOPERTA L'ANIMA DAGLI
ATTACCHI DEL MALE E DELL'UMANO VOLERE NOSTRO; SE
LA PREGHIERA SOPRADDETTA VIENE DIFFICILE DA FARE
SI PUO' FARE QUEST'ALTRA:

GESU', GIUSEPPE ,MARIA E LUISA VI AMO TRASFORMATE
LA MIA VOLONTA' IN DIVINA, NELLA DIVINA VOLONTA'.

 OPPURE:

 PER LA TUA DOLOROSA PASSIONE E CROCIFISSIONE
DONACI IL TUO REGNO ADESSO,NELLA DIVINA VOLONTA'.

 QUESTA PREGHIERA PUO' OTTENERE TUTTO E SUBITO,
PERCHE' SULLA CROCE GESU' CI HA OTTENUTO TUTTO E
SUBITO, BASTI MEDITARE LE SUE 7 SANTE PAROLE
SULLA CROCE ; SAN GIUSEPPE MI HA COMFERMATO CHE
LA PREGHIERA PIU' POTENTE PER OTTENERE LE GRAZIE
PIU' GRANDI E PIU' VELOCEMENTE E' PROPRIO,
RICHIEDERE OGNI COSA PER LA PASSIONE E
CROCIFISSIONE DI GESU', SPECIALMENTE PER LA
PASSIONE SULLA CROCE CHE FU' TREMENDA E MORTALE :
DARA' LA VITA A TUTTI , COME DISSE GESU' :"

QUANDO SARO' INNALZATO DA TERRA ATTIRERO' TUTTI
A ME " ,

QUINDI IL CROCIFISSO VA MESSO IN OGNI PUNTO ,
IN OGNI STANZA ,SEMPRE NEI NOSTRI PENSIERI, NEI
NOSTRI CUORI .

SI PUO' ANCHE DIRE SE SI VUOLE
 LA PREGHIERA DI SAN GERTRUDE :

 ETERNO PADRE IO TI OFFRO IL PREZIOSISSIMO SANGUE
(E LA CROCIFISSIONE)DI GESU' IN UNIONE A TUTTE LE
MESSE ETERNE (PER DONARCI IL TUO REGNO ADESSO),
PER LIBERARE TUTTE LE ANIME DEL PURGATORIO , PER
SALVARE TUTTE LE ANIME (DI OGNI TEMPO) DI OGNI
LUOGO , DELLA CHIESA UNIVERSALE E TUTTI I NOSTRI
FAMILIARI (STIRPE, E CONGREGATI,NELLA DIVINA
VOLONTA') .

SE QUALCUNO NON SA FARE NEMMENO UNA DI QUESTE
PREGHIERE, DURANTE IL LAVORO, E DICE DI TROVARE
OSTACOLI: IO DICO CHE NON E' DEGNO DI ESSERE
UN FIGLIO DEL DIVINO VOLERE E VA ESPULSO SUBITO.
PERCHE' I VERI SANTI: HANNO TUTTO L'AIUTO DI DIO
IN OGNI PROVA, E CHI NON TROVA QUESTO AIUTO :
E' CHIARO CHE NON HA LO SPIRITO DI DIO , ALMENO
CHE NON ABBIA UN HANDICAP CHE E' DEL TUTTO
SCUSABILE .

I FIGLI   DEL DIVINO VOLERE RELIGIOSI E ANCHE
LAICI: NON DEVONO POSSEDERE NIENTE, DEVONO DARE
TUTTO ALLA CONGREGAZIONE ; I LAICI DEVONO DARE
OGNI COSA DI NECESSITA', ALLA LORO FAMIGLIA , AI
LORO GENITORI E FAMILIARI, E IL RESTO CHE E' IN
PIU', DEVONO DARLO TUTTO ALLA CONGREGAZIONE: SE
VOGLIONO ENTRARE NEL NOSTRO ORDINE; SE LE LORO
FAMIGLIE O I LORO GENITORI IN SEGUITO NECESSITANO
DI AIUTO: POSSONO RICHIEDERLO QUESTO AIUTO AI
SUPERIORI: CHE PROVVEDERANNO AD OGNI NECESSITA'; I
RELIGIOSI DEVONO POSSEDERE SOLO: LE VESTI

RELIGIOSE, ALMENO 2 INVERNALI E 2 ESTIVI PER IL RICAMBIO, 3 MAGLIETTE CON I CROCIFISSI CHE VANNO SOTTO L'ABITO RELIGIOSO , 4 O 5 PAIA MASSIMO DI CALZETTE E MUTANDINE. 1 PAIO DI SCARPE ESTIVE E 1 INVERNALE E 1 PER IL LAVORO. QUANDO SI FA DEL LAVORO DOVE CI SI PUO' SPORCARE SEMPRE, CON IL PERMESSO DEL SUPERIORE: IL RELIGIOSO POTRA' VESTIRE UN INDUMENTO ADATTO AL LAVORO CHE FA, E PUO' STARE ANCHE A MANICHE CORTE D' ESTATE QUANDO FA LAVORI FATICOSI .

IL RELIGIOSO CHE CAMMINA IN MODO SENSUALE ,ORGOGLIOSO, ADULTERO, O CHE SI METTE A DISCUTERE MOLTO(ANCHE SE PARLA DI COSE SPIRITUALI), O PARLA DI COSE MONDANE, VA SUBITO ESPULSO.

IL VERO SANTO DEL DIVINO VOLERE E' QUESTO: UN UOMO O UNA DONNA CHE NON GUARDANO A NESSUNO , NON SI INTERESSANO DI NIENTE, MA SOLO DI COSE RIGUARDANTI LA SPIRITUALITA' E DI DIO , HANNO LO SPIRITO FISSO A GESU' CROCIFISSO E A MARIA CROCIFISSA CON GESU', MEDITANO NOTTE E GIORNO CON PREGHIERE, LA PASSIONE DI GESU' E DI MARIA, NON GUARDANO AL TORTO SUBITO , E SI MANTENGONO DISTANTI DA PENSIERI DI RIBELLIONE PER L'INGIUSTIZIA SUBITA ,
NON SI LAMENTANO MAI , MA ANZI CERCANO SEMPRE DI DARE DI PIU' PER IL BENE DEGLI ALTRI, GIOISCONO SEMPRE, PERCHE' SENTONO IL PREMIO DELL'AMORE DIVINO E LA PRESENZA DI DIO , DI MARIA E LUISA ,E SENTONO LA GRAZIA SEMPRE NEL LORO CUORE, NEI LORO PENSIERI, SONO AGGRAZIATI E PURI, E LE BASTA SOLO LA DIVINA VOLONTA' CHE HANNO IN TUTTI I LORO ATTI PER ESSERE APPAGATI DI TUTTO, ANCHE SE POTRA' SEMBRARE CHE NON ABBIANO NIENTE, IL LORO SGUARDO ESPRIME: VITA , PACE , SERENITA', GIOIA, AMORE, FERMEZZA , DETERMINAZIONE, CORAGGIO, INTELLIGENZA,

INDIFFERENZA DEL MONDO E DELLE SUE COSE E MOLTO
INTERESSE DELLE COSE DI DIO.

 I CONGREGATI FIGLI DEL DIVINO VOLERE NON DEVONO
MAI LAMENTARSI DEL CIBO , DELLE BEVANDE, LO
POSSONO SOLO SE NOTANO DELLE COSE CHE POSSONO
NUOCERE ALLA LORO SALUTE, MA IN MODO SEMPRE
SERENO E PACIFICO E AMOROSO , E ANCHE POSSONO
RIFIUTARE QUESTO CIBO E CHIEDERE QUALCOSA CHE
SI PREPARI IN MODO VELOCISSIMO, ANZI LORO
STESSI SONO TENUTI A PREPARARSI IL LORO CIBO SE
IL CUOCO PREPARA QUALCOSA CHE LE FA MALE ALLA
SALUTE. IL CUOCO DEVE SEMPRE METTERE ALMENO 2
ORE PRIMA DI PRANZARE E CENARE : IL MENU'
ESPOSTO, CON TUTTI GLI INGREDIENTI COMPRESO IL
SALE(SOLO IODATO), E IL TIPO DI SPEZIE(DEVE
USARE POCHISSIMO PEPE E SE FA DOLCI NON DEVONO MAI
ESSERE TROPPO ZUCCHERATI) DEVE SEMPRE VALUTARE
LA SITUAZIONE DI TUTTI E TUTTI DEVONO
IMFORMARE IL CUOCO DEGLI INGREDIENTI CHE A LORO
NUOCCIONO, PER LE FRITTURE DEVE USARE POCHISSIMO
OLIO PERCHE NUOCE ALLA SALUTE.

TRA I CONGREGATI NON CI DEVONO ESSERE PREFENZE
PER IL CIBO E LE BEVANDE(PENA NE VALE
L'ESPULSIONE DALL'ORDINE):" IO VOGLIO QUESTO , A
ME PIACE QUEST'ALTRO , A ME NON PIACE QUESTA
COSA ECC." SOLO NEL CASO CHE UNA COSA LE
FA RIBREZZO E NON POSSONO ASSOLUTAMENTE DIGERIRLA
COME AD ESEMPIO PUO' ESSERE LA COTENNA DI
MAIALE O GLI ORGANI INTERNI DI UN ANIMALE
MACELLATO POSSONO RIFIUTARLA E PREPARARSI DA SE
UN PIATTO VELOCE O CHIEDERLO AL CUOCO , MA SOLO
PIATTI VELOCISSIMI,
MA SE LA SUPERIORA O IL SUPERIORE COMPRENDONO CHE:
NON DICONO LA VERITA' , MA LO FANNO SOLO PER
GOLA O PER EGOISMO DEVONO ESSERE SUBITO ESPULSI.

LA CARNE O IL PESCE, SI POSSONO MANGIARE, SOLO
UNA VOLTA AL MESE,(ALMENO CHE NON SONO CIBI CHE

COSTA POCHISSIMO COME LE ALI DI POLLO AD ESEMPIO)
E SI SCELGA UN GIORNO DI FESTIVITA' DURANTE OGNI
MESE: PIU' IMPORTANTE DELL'ALTRO; POSSONO
MANGIARE :CARNE, ANCHE IN AGGIUNTA A QUELLA CHE
CI SARA' A PASQUA, A NATALE, PER LA FESTA DELLA SS
TRINITA', PER IL 19 MARZO(FESTA DEL CARISSIMO S.
GIUSEPPE) IL 18 GENNAIO E IL 4 MARZO (FESTA DI
MARIA ASSUNTA E FESTA DI LUISA GLORIFICATA
IMMENSAMENTE E FESTA ANCHE DEL DIVINO VOLERE).
 I DIGIUNI DEVONO ESSERE FATTI A PANE ED
ACQUA O PASTA ASCIUTTA CON OLIO O BURRO O
MARGARINA ; PER I MALATI INVECE: LEGUMI CON PASTA
O CON PANE, E SI FARANNO PER TUTTO IL TEMPO
DELLA QUARESIMA; PERO' QUELLI CHE MANGIANO SOLO
PANE O PASTA ALMENO LA DOMENICA POSSONO
MANGIARE I LEGUMI O SE LO DESIDERANO PATATE
COTTE E CIPOLLE FRESCHE IN SALAMOIA.
I DIGIUNI IN QUESTO MODO: SI FARANNO ANCHE IL
MERCOLEDI E VENERDI DI OGNI SETTIMANA, TRANNE SE
CAPITA UNA FESTIVITA' IMPORTANTE, E SI DEVE
POSTICIPARE(IL GIORNO DEL DIGIUNO) DI UN GIORNO IN
QUEL CASO.
CHI NON VUOL FARE QUESTI DIGIUNI, SE NON HA UN
MOTIVO VALIDO DI SALUTE: DEVE ESSERE ESPULSO
IMMEDIATAMENTE, ANCHE I LAICI DEVONO DIGIUNARE
UGUALMENTE COSI'; SE NON POSSONO, DEVONO
AVERE IL PERMESSO DAL LORO PADRE SPIRITUALE(DEL
NOSTRO ORDINE SEMPRE) DI SALTARE I DIGIUNI E I
FIORETTI .

I FIORETTI PERENNI, CHE SONO OBBLIGATORI NELLA
NOSTRA CONGREGAZIONE(SALVO ECCEZIONALE PERMESSO
DEL PADRE SPIRITUALE O DEL SUPERIORE)), DEVONO
VALERE PER TUTTI I GIORNI DELLA VITA, SOLO PER
TUTTO IL TEMPO DI PASQUA E DI NATALE SI FARA'
ECCEZIONE. QUESTI FIORETTI SONO : ASTINENZE
PER SEMPRE DALLA CIOCCOLATA(COMPRESE CREME,
CIOCCOLATINI), DAL CAFFE', DAL TE, DALL'ALCOOL:
COMPRESO IL VINO E LA BIRRA.

I FIORETTI MENSILI SONO LIBERI E INDIVIDUALI E SI
FARANNO PER TUTTI I TIPI DI DOLCI O CARNI
PREGIATE E COSTOSE O CIBI GUSTOSI,   COME PIZZE,
TAVOLA CALDA, RAGU', TORTELLINI ,   PASTA A FORNO
ECC. SI FARANNO PER LA DURATA DELL'INTERO MESE
CHE SONO IL MESE DI MAGGIO IN ONORE A MARIA , IL
MESE DI MARZO IN ONORE A LUISA E A SAN GIUSEPPE E
AL DIVINO VOLERE , IL MESE DELLA SS TRINITA', IN
ONORE ALLA SS TRINITA', IL MESE DI GENNAIO IN
ONORE AL DIVINO VOLERE E A MARIA SS.

OGNUNO LIBERAMENTE, SENZA CHIEDERE UBBEDIENZA O
CHIEDENDO L'UBBEDIENZA, PUO' AGGIUNGERE ALTRE
MORTIFICAZIONI E ASTINENZE , MA SOPRATTUTTO : TUTTA
LA CONGREGAZIONE, OGNI GIORNO, DEVE OFFRIRSI
COME VITTIMA SULLA CROCE DI GESU' INSIEME ED IN
UNIONE A MARIA , A GESU' E A LUISA CROCIFISSI E
PASSIONEVOLI IN TUTTA LA LORO VITA ,   IN UNIONE
ALLA PASSIONE DELLE 24 ORE E ATTO PER ATTO DI GESU'
, MARIA E LUISA ,E DEVONO SPESSO RIPETERE QUESTE
FRASI:

" IO SONO DI CRISTO , IO SONO CRISTO, IO SONO LA
DIVINA VOLONTA', LA DIVINA MISERICORDIA , IO SONO
L'AMORE INFINITO DI DIO E LORO SONO ME , IO SONO
MARIA SS , MARIA E' IN ME".
 QUESTE FRASI SI DICONO CON L'INTENZIONE DI
IMMEDESIMARSI   CON DIO E CON MARIA ED AUMENTARE
IL PROPRIO DESIDERIO, VOLONTA', LA PROPRIA
CONVINZIONE CHE : SI E' COMPLETAMENTE DI DIO
DI MARIA E DI LUISA E CHE NOI: NON ABBIAMO PIU'
DIRITTO DI ESISTERE IN NOI STESSI, MA CE L'HANNO
SOLO LORO E SOLO LA DIVINA VOLONTA' IN NOI.

 SPESSO PER ALLONTANARE: GRUPPI O PERSONE   CHE
PUZZANO DI MALE E CHE SEMBRANO MANDATI DA SATANA
A DISTURBARE I CONGREGATI E I DEVOTI,   SI DEVE
PER SINGOLO CONGREGATO, MENTALMENTE, DIRE QUESTA
PREGHIERA :

" DIVINA VOLONTA' CON LA TUA FORZA CREATRICE CREIAMO GESU' CROCIFISSO E PASSIONEVOLE CON MARIA , LUISA E CON TUTTI I FIGLI DEL DIVINO VOLERE E CON TUTTE LE VERITA' SUL DIVINO VOLERE DENTRO E FUORI DI ME ED IN QUESTO SANTUARIO , IN QUESTA CHIESA, CHE LEGHINO FORTE TUTTI I FIGLI DEL MALIGNO E I LORO DEMONI E LI CACCINO VIA PER SEMPRE DA NOI , DA QUESTI LUOGHI SACRI, E VICEVERSA ATTIRINO, TUTTI I FIGLI DI DIO E I FUTURI FIGLI DEL DIVINO VOLERE AD ABBEVERARSI QUI: DI TE; SAN MICHELE ARC. DISTRUGGI TUTTI I NOSTRI NEMICI E ALLONTANELI PER SEMPRE DA NOI E DA QUESTI LUOGHI SACRI;

QUESTE PREGHIERE SONO MOLTO POTENTI PER ALLONTANARE I MALI INTENZIONATI: COLORO CHE SONO MANDATI DAL DEMONIO PER SPORCARE I LUOGHI SACRI .

SPESSO I FIGLI DEL DIVINO VOLERE CONGREGATI SI DEVONO PASSARE SUL VOLTO IL FAZZOLETTO MIRACOLOSO DELLE MADRI E REGINE DEL DIVINO VOLERE E SEGNARSI CON IL SEGNO DI CROCE E DEL DIVINO VOLERE: CHE SAREBBE UNA D GRANDE E UNA V CHE COPRA LA TESTA E IL CUORE , PER LA D BASTA SEGNARE TRE PUNTI TRA LA FRONTE E L'ADDOME E LA SPALLA DESTRA COSI' ANCHE PER LA V BASTA SEGNARE TRE PUNTI TRA LA SPALLA DESTRA E SINISTRA E L'ADDOME ; IL FAZZOLETTO MIRACOLOSO DEVE ESSERE DI COTONE O SETA O LINO, NON DI CARTA E DEVE ESSERE IMBEVUTO DI ACQUA MIRACOLOSA DEL DIVINO VOLERE(ALMENO UNA VOLTA L'ANNO) E SI POSSONO ANCHE BAGNARE IN AGGIUNTA: CON ALTRE ACQUE MIRACOLOSE. SI DEVE PORTARE SEMPRE CON SE, E LO SI USERA' IN OGNI BISOGNO, PER ALLONTANARE I PERICOLI DELL'ANIMA E DEL CORPO, MA ANCHE PER ACQUISTARE GRAZIE DAL DIVINO VOLERE , DA MARIA, GESU' E LUISA.
IO LO FACEVO ANCHE PER CHIEDERE: DI TROVARE LA GIORNATA SENZA INTOPPI O, DI NON INCONTRARE E DI NON FERMARMI MAI CON I FIGLI DEL MALIGNO E

ALTRE COSE, COME : DI NON TROVARE AFFOLLAMENTO
DAL DOTTORE MA POCHISSIME PERSONE , O DI
SBRIGARMI IN MODO VELOCE QUALCHE FACCENDA, O
DI NON INCONTRARE I FIGLI DELLE TENEBRE NEL
SANTUARIO ,E DEBBO TESTIMONIARE, CHE
PUNTUALMENTE LE COSE CHE RICHIEDEVO ACCADEVANO,
ANCHE SE NON DEL TUTTO COME VOLEVO IO E SE
ME NE DIMENTICAVO DI USARLO TROVAVO MOLTE
PERSONE DAL DOTTORE O ALCUNI RAGAZZI AL
SANTUARIO CHE NON MI PIACEVANO NELLO SPIRITO.

I FIGLI DEL DIVINO VOLERE DEVONO PULIRE O
ASPERGERE CON L'ACQUA MIRACOLOSA DEL DIVINO VOLERE,
TUTTI I GIORNI PER TERRA ED ANCHE I MOBILI , GLI
OGGETTI SACRI,
,I TAPPETI , TUTTE LE IMMAGINE SACRE E SPECIALMENTE
LA CHIESA ED IL CONVENTO ED ABBEVERARE LE PIANTE
E GLI ALBERI DEL PICCOLO EDEN E DARE DA BERE A GLI
ANIMALI DELL'ACQUA MIRACOLOSA, DEVONO ANCHE
ASPERGERLA NEI BANCHI DELLA CHIESA NEGLI
INDUMENTI DEL SACERDOTE :TUTTI I GIORNI , E OGNI
FIGLIO DEL DIVINO VOLERE SI DEVE FARE TUTTI I
GIORNI: UN SEGNO DI CROCE E IL SEGNO : DV, CON
L'ACQUA MIRACOLOSA: NEL PETTO E SUL CAPO; E RIPETO
TUTTI I GIORNI ;TUTTO QUESTO ALLONTANERA' LA
PRESENZA DEI FIGLI DELLE TENEBRE CHE SONO SEMPRE
ALL'OPERA COME I DEMONI PER SPORCARE I LUOGHI
SANTI E LE PERSONE SANTE.

IN OGNI STANZA DEI CONGREGATI COMPRESI I LAICI :VI
DEVE SEMPRE STARE: GESU' EUCARISTIA E L'IMMAGINE
DI GESU' E MARIA CROCIFISSI CON LE PAROLE : "
GESU' E MARIA ENTRO NELLA VOSTRA UMANITA' E MI
FONDO NELL'ATTO UNICO DEL DIVINO VOLERE E MI
CROCIFIGGO CON VOI SU QUESTA CROCE SALUTARE PER
ME E PER TUTTE LE ANIME PECCATRICI, VOGLIO
SALVARLE TUTTE E SANTIFICARLE NELLA VOLONTA', E
RENDERLE UGUALI A VOI IN TUTTO , ANCHE A COSTO DI
SUBIRE OGNI PENA E LA VOSTRA STESSA CROCE,

PERCIO' CREO CON LA DIVINA VOLONTA' IN TUTTE LE ANIME ,ME STESSO (A)E VOI CROCIFISSI SU QUESTA CROCE BENEDETTISSIMA CON TUTTE LE VERITA' ETERNE ED INFINITE SUL DIVINO VOLERE SCRITTE IN NOI E IN LORO ; MI OFFRO COSI' IMMOLATO, PRENDENDOMI TUTTI I PECCATI , TUTTI I MALI,L'UMANA VOLONTA' ED I DEMONI DI TUTTI, SPECIALMENTE DI TUTTI I MORENTI DI OGGI E DI QUESTA SETTIMANA. AMEN , AMEN , AMEN, NELLA DIVINA VOLONTA'

LE STANZE DEI RELIGIOSI DEVONO ESSERE PICCOLE E PER UNA SOLA PERSONA (4 METRI PER 2,5 METRI MASSIMO) ED IL BAGNO CON LE DOCCIE, DEVONO ESSERE IN COMUNE CON GLI ALTRI RELIGIOSI MA DIVISE CON MURA E CON PORTE CON LA CHIUSURA BAGNO PER BAGNO E DOCCIA PER DOCCIA(MESSE IN UN PUNTO ISOLATO DALLE STANZE).

IN QUESTA CONGREGAZIONE, SE IL PAPA ME NE DARA' PERMESSO :NON VOGLIO VESCOVI O CARDINALI ; GLI UNICI SUPERIORI DEI FRATI , DEI SACERDOTI E DELLE SUORE SAREMO :

IL PAPA , IO, UNA PERSONA CHE FA LE MIE VECI AL POSTO MIO, TUTTE LE SUPERIORE MADRI (SOLA UNA PER CONVENTO) E TUTTI I PADRI SUPERIORI DEL CONVENTO(SOLO UNO PER CONVENTO) , TUTTI GLI ALTRI NON HANNO NESSUN DIRITTO A DARE ORDINE A NESSUNO , POSSONO SOLO DARE : CONSIGLI DI CARITA' AI LORO FRATELLI E ALLE LORO SORELLE , PENA NE VALE L'ESPULSIONE IMMEDIATA; I PADRI E LE MADRI SUPERIORE: POSSONO NOMINARE UNA SOLA PERSONA CHE FARA' LE LORO VECI IN LORO ASSENZA O SE AVRANNO MOLTO LAVORO E NON POSSONO BADARE A TUTTI ; IN QUESTO CASO PERO': DEVONO PRENDERE QUESTE DECISIONI IN UNIONE CON ME O CON UNA PERSONA CHE FA LE MIE VECI. QUESTA SCELTA DI NON VOLERE ALTRI SUPERIORI , L'HO AVUTA, PERCHE' I 12 APOSTOLI NON AVEVANO ALTRI SUPERIORI ALL'INFUORI DI GESU' E DI DIO E ANCHE PERCHE', CON LE

GERARCHIE: VI E' IL RISCHIO DI CREARE POTERI , ABUSI, BARRIERE CHE POSSONO IMPEDIRE LO SPIRITO SANTO E ALTRI MALI CHE SAPPIAMO.

TUTTI I LAICI : POSSONO LIBERAMENTE FARE O NON FARE TUTTI I ROSARI , LE CORONCINE, LE MESSE , LE LETTURE DEI LIBRI DI LUISA E MIEI ,ECC. : SOLO SE NE SONO ESENTATI DAI LORO CONFESSORI DEL DIVINO VOLERE O DAI SUPERIORI, E PER MOTIVI RAGIONEVOLI COME: NON AVERE IL TEMPO A DISPOSIZIONE , PER MOTIVI DI LAVORO O ALTRO , MA SONO TENUTI A FARE OBBLIGATORIAMENTE, IN CONTINUAZIONE, IL GIRO DELL'ANIMA(ANCHE A MODO PROPRIO) LE PREGHIERE CORTE: MENTALMENTE, ED A PARTECIPARE ALMENO UNA VOLTA AL GIORNO ALLA MESSA NELLA NOSTRA CHIESA SANTUARIO (O ANCHE FUORI SE IL PADRE SPIRITUALE O IL SUPERIORE LO CONSENTIRA'; SEMPRE PER MOTIVI VALIDI) E A MEDITARE I LIBRI DI LUISA, ALMENO 1 ORA AL GIORNO; SE CAPITA CHE VANNO ALLA MESSA FUORI DEL PAESE DEL SANTUARIO E NON NE TROVANO MESSA, SONO DISCOLPATI ,MA SE HANNO TEMPO DI SPOSTARSI IN UN ALTRA CHIESA PER LA MESSA E NON LO FANNO: DEVONO ESSERE RIPRESI; SE LA COSA SI RIPETE PIU' VOLTE POSSONO ESSERE ESPULSI DAL TERZO ORDINE;DELL'ESPULSIONE SE NE POSSONO SOLO OCCUPARE I SUPERIORI CHE SI DEVONO CONSIGLIARE CON IL CONFESSORE DEL LAICO COLPEVOLE. I LAICI DEVONO PORTARE AL COLLO ESTERNAMENTE E BEN VISIBILI SEMPRE: IL ROSARIO CON LE DUE MEDAGLINE MIRACOLOSE E IL CROCIFISSO DEL DIVINO VOLERE, LA MEDAGLIA DELLA SS TRINITA' ,LA MEDAGLIA DI SAN BENEDETTO , DEI TRE ARCANGELI, DELLA SANTA FAMIGLIA E DELLA TRINITA' DEL DIVINO VOLERE(GESU' MARIA E LUISA).
DEVONO PORTARE:LA MAGLIETTA DI GESU' E DI MARIA CROCIFISSI UGUALI A QUELLI DEI RELIGIOSI , ANCHE SOTTO UN ALTRA MAGLIA.

TUTTI I LAICI E I RELIGIOSI: DEVONO SPOSARSI CON LO SPIRITO SANTIFICATORE E CON MARIA SS E LUISA E

CON LA DIVINA VOLONTA': CON UNA CONSACRAZIONE
SPECIALE E INDISSOLUBILE:

" CONSACRAZIONE DEI PRESCELTI PRONTI A FAR
PARTE DEFINITIVAMENTE DEI FIGLI DEL DIVINO VOLERE
DELLE 3 SS TRINITA' COME LAICI DEL 3° ORDINE E
RELIGIOSI (ANCHE NOVIZI) :

DOLCISSIMO SPIRITO SANTIFICATORE , DIVINA
VOLONTA' MIO TUTTO,DOLCISSIMA IMMACOLATA VERGINE
MARIA E DOLCISSIMA MADRE MIA: LUISA:

IO...(DIRE IL NOME NUOVO CHE DEVE ESSERE SEMPRE
SEGUITO ANCHE DAL NOME : GESU'MARIALUISA , ESEMPIO
IL NOME NUOVO E' AGATA DIVIENE : AGATA ,
GESU'MARIALUISA):
........MI OFFRO E MI CONSACRO TOTALMENTE SENZA
RISERVA ALCUNA: A VOI MIA VITA E MIO TUTTO:
COME VOSTRO ETERNO SPOSO D'AMORE E DI LUCE,
DANDOVI A VOI ,AL PADRE E A GESU':
PIENA LIBERTA' DI AGIRE IN ME COME VOLETE VOI,
PERCHE' IL MIO VOLERE VE LO DO A VOI
COMPLETAMENTE: TENETELO LEGATO PER L'ETERNITA' AL
VOSTRO TRONO, NON ME LO RIDATE MAI PIU' ; IO MI
PRENDO DA VOI PER AGIRE IN TUTTE LE MIE AZIONI:
SOLO IL VOSTRO VOLERE SANTISSIMO E ADORABILISSIMO
. FATE DI ME UN VERO SPOSO D'AMORE INFINITO,
COME LO SIETE VOI , ANCHE A COSTO DI SUBIRE
MORTI E TRIBOLAZIONI A MAI FINIRE E DI PESO
INFINITO ED ETERNO; ACCETTERO' TUTTO QUELLO CHE
MI VORRETE MANDARE ,GIA' DA ORA, CON GIOIA E
AMORE, LIETO DI SERVIRVI E DI ONORARVI SEMPRE
NEL DIVINO VOLERE, E DI FARVI CONOSCERE DA TUTTI
COME SIETE DOLCISSIMI E AMABILISSIMI SENZA
FINE E SENZA TERMINI DI TEMPO; VI RINGRAZIO NEL
DIVINO VOLERE DI AVERMI SCELTO COME VOSTRO
SPOSO ETERNO E VOSTRO AMATISSIMO FIGLIO ; SONO
CONSAPEVOLE DI NON APPARTENERE PIU' AL MIO
VOLERE , MA SOLO AL VOSTRO SANTISSIMO VOLERE E A
QUESTA SANTISSIMA CONGREGAZIONE CHE ONORERO'

CON LA MIA VITA   NELL'ETERNITA', E NELL'AMORE
INFINITO CHE VOI MI DARETE SEMPRE IN TUTTE LE MIE
AZIONI, E   GIURO DI ADEMPIERLE   SEMPRE:
QUESTE PROMESSE, IN UNIONE A VOI, AL PADRE , A
GESU' NEL DIVINO AMORE, E GIURO DI ESSERE   SEMPRE
OBBEDIENTE AI MIEI CONFESSORI E SUPERIORI SE
QUESTI SI MANTERRANNO NELL'OBBEDIENZA AL PAPA E
AL PADRE FONDATORE(GIUSEPPE MESSINA) DELLA
CONGREGAZIONE E ALLA REGOLA DI QUESTA
CONGREGAZIONE. AMEN , AMEN , AMEN .(POI SI DEVE
FIRMARE CON DELLE GOCCIE DEL PROPRIO SANGUE E CON
L'IMPRONTA DIGITALE DEL DITO INTINTO NELLE
GOCCIE DEL PROPRIO SANGUE. DOPO IL SACERDOTE
METTERA' L'ANELLO D'ORO DI SPOSALIZIO CON IL NOME
NUOVO INCISO (AGATA, GESU'MARIA LUISA O SOLO LE
INIZIALI:G,M,L) I NOMI NUOVI DEVONO ESSERE PRESI:
DAI PIU' GRANDI SANTI , DAI TRE ARCANGELI, DAI
NOSTRI SANTI PROTETTORI , PATRONI E COMPATRONI; I
NOMI DEI PIU' GRANDI SANTI DEVONO SOLO ESSERE
PRESI IN BASE ALLA LORO GRANDE SAPIENZA CHE
HANNO AVUTO   SULLA TERRA E AI GRANDI MIRACOLI
CHE HANNO FATTO SULLA TERRA E DEVONO ESSERE
COMFERMATI DA ME STESSO .

LA CONSACRAZIONE: DEVE   SOLO ESSERE FATTA NELLE
CHIESE DELLE 3 SS TRINITA' DURANTE LA MESSA , PRIMA
DELLA CONSACRAZIONE EUCARISTICA, PRIMA DELLE
PAROLE :" PADRE MANDA IL TUO SANTO SPIRITO A
SANTIFICARE QUESTI DONI…….

I CONSACRATI DEVONO ESSERE VISTI E CONSIDERATI
DAL SACERDOTE SUPERIORE CHE OFFICIA LA SANTA
MESSA: COME PANE AZZIMO DA CONSACRARE E
TRANSUSTANZIARE IN CRISTO, E PERCIO' DIRA'
IMPONENDO LE MANI SOPRA IL CAPO DEI CONSACRATI,
QUESTE PAROLE : PADRE   PER MEZZO DI GESU' TUO
FIGLIO, NEL DIVINO VOLERE : MANDA IL TUO SANTO
SPIRITO SU QUESTI TUOI FIGLI, AFFINCHE'
DIVENTINO IL CORPO , IL SANGUE , L'ANIMA E LA

DIVINITA' DI GESU' CRISTO E LA LORO VOLONTA'
DIVENTI PER L'ETERNITA' : DIVINA VOLONTA', PER
IL CONCEPIMENTO , LA NASCITA, LA VITA , LA
PASSIONE , LA CROCIFISSIONE , LA MORTE , IL CUORE
TRAFITTO GRONDANTE SANGUE ED ACQUA COME SORGENTE
D'INFINITA MISERICORDIA PER NOI E PER TUTTI, LA
RISURREZIONE , L'ASCENSIONE E GLORIFICAZIONE DI
GESU' NOSTRO SIGNORE ETERNO E DI MARIA SS, AMEN,
AMEN,AMEN, NELLA DIVINA VOLONTA'.

I LAICI DEL 3° ORDINE COME ANCHE I RELIGIOSI, PER
ENTRARE A FAR PARTE DELLA CONGREGAZIONE IN MODO
DEFINITIVO : DEVONO DIMOSTRARE IN TRE ANNI DI
NOVIZIATO , DI ESSERE VERAMENTE FIGLI DEL DIVINO
VOLERE, CIOE' : DOVRANNO DIMOSTRARE PRIMO A ME E
ANCHE AL PAPA SE LO VORRA'(IL PAPA), DI ESSERE
PAZZAMANTE INNAMORATI DI VERO CUORE DI MARIA ,
GESU' E LUISA E DEL GRAN DONO DEL DIVINO VOLERE;
SI DEVONO SCORGERE IN LORO , MODI E
ATTEGGIAMENTI, DI UNA GRAZIA UNICA , DI
CARATTERISTICHE UNICHE COME :

L'IMMUTABILITA' , CIOE' NON ESSERE INCOSTANTI
NEL SERVIZIO A DIO :" OGGI MI VA DI PREGARE ,
OGGI INVECE NO! OGGI NON VOGLIO FATICARE ,
MAGARI DOMANI CHISSA'!" "OGGI SONO TUTTO
AMABILE, MA INVECE QUEST'OGGI SONO FREDDO!",
OGGI PIANGO MA INVECE QUEST'OGGI RIDO E SONO
GIOIOSO!"
L'ANIMA CHE E' ENTRATA NEL DIVINO VOLERE PUO'
SENTIRE QUESTI EFFETTI NEL CORPO , MA NELL'ANIMA
DEVE ESSERE SEMPRE CALMA , PAZIENTE , GIOIOSA E
FELICE, ANCHE IN MEZZO AI PIU' GRANDI TORMENTI
DELLA VITA. GLI EFFETTI NON BUONI CHE SENTIRA':
VENGONO DAGLI ALTRI FRATELLI CHE VIVONO NEL
PECCATO , E LA DIVINA VOLONTA', CE LI FARA'
SENTIRE A NOI, COME FECE CON GESU' E MARIA NEL
GETSEMANI, MA GESU' NON CAMBIO' PREGHIERA NEL

GETSEMANI, EGLI RIMASE COSTANTE :" PADRE NON LA
MIA, MA LA TUA VOLONTA' SI FACCIA."

UN ALTRA CARATTERISTICA DEI NOVIZI FIGLI DEL
DIVINO VOLERE, DEVE ESSERE: UNA FORZA DI VOLONTA'
INCESSANTE E FORTISSIMA NEL VOLERE CONQUISTARE
IL BENE COMUNE ,NEL PERSEGUIRE GLI IDEALI DELLA
CARITA' , DELL'AMORE, DELLA PACE: A COSTO DELLA
PROPRIA VITA.

L'ALTRA PREROGATIVA IMPORTANTE DEVE ESSERE, LA
SAPIENZA , LA CONOSCENZA DI DIO E DEL SUO VOLERE ,
IL SAPER PARLARE DEL DIVINO VOLERE: CON LE
PROPRIE PAROLE ISPIRATE DALLO SPIRITO SANTO E CON
UNA GRANDISSIMA RAZIONALITA', TALE: DA
CONVINCERE LE PERSONE CHE IN QUELLE FRASI
SAPIENZIALI C'E' VERAMENTE IL DITO DI DIO.

E L'ULTIMA, LA PIU' IMPORTANTE PREROGATIVA DEI
NOVIZI DEVE ESSERE:
L'IMMEDISIMAZIONE DI TUTTI I PROPRI ATTI CON
QUELLI DI GESU' , MARIA E LUISA; FARE TUTTO CON
LA CONVINZIONE E IL DESIDERIO COSTANTE CHE SIA
CRISTO IN NOI A FARE QUELLE NOSTRE AZIONI
COMUNI E SEMPLICI, MA INFINITI E DIVINI NEL VALORE,
E DEVONO ESSERE FATTI TUTTI NELL'AMORE INFINITO
DI DIO; OVVIAMENTE, SE SARANNO FATTI IN QUESTO
MODO : DEVONO PROVOCARE TANTI BELLISSIMI
EFFETTI IN CHI LI CIRCONDA , COME: LA PACE , LA
GIOIA, L'AMORE E BEATITUDINI INSOLITI NEI BUONI
; AI CATTIVI INVECE QUESTE ANIME PREDILETTE
POSSONO PROVOCARE ALTRI EFFETTI OPPOSTI O UNA
TALE AVVERSIONE ILLOGICA.

I NOVIZI DEVONO VEDERE E VIVERE IL VANGELO :
COSI' COME L'HO DESCRITTO IO NEI MIEI LIBRI:"
ILVANGELO DI MATTEO E IL VANGELO DI GIOVANNI
SPIEGATO". LA PAURA DEL MALE NON DEVE MAI
ESISTERE IN LORO, ALTRIMENTI SIGNIFICA SENZA
DUBBIO: CHE NON HANNO ACQUISITO ANCORA IL DONO

DEL DIVINO VOLERE E NON POSSONO DIVENTARE
CONGREGATI NOSTRI.
LA CONGREGAZIONE DEVE ESSERE UN CORPO SOLO E UN
ANIMA SOLA, SE VI SONO DIVISIONI E DISUBBIDIENZE
AI SUPERIORI E AI CONFESSORI: C'E' SENZA DUBBIO
DEL MARCIO NELLA CONGREGAZIONE E DEVE ESSERE
SUBITO ELIMINATO IL LIEVITO CORROTTO, CIOE': CHI
FA DA TRAMITE CON IL NOSTRO NEMICO CHE VORRA'
INFILTRARE MOLTI DEI SUOI SERVI IPOCRITI PER
DISTRUGGERE LA GRANDE OPERA DELLO SPIRITO
SANTIFICATORE.

ANCHE I NOVIZI DEVONO ESSERE SCELTI E COMFERMATI
PRIMA E DOPO I 3 ANNI DI NOVIZIATO SOLO DA ME E
POSSONO ESSERMI RACCOMANDATI DAI LORO
CONFESSORI, MIEI CONGREGATI O DAI SUPERIORI
DELLA CONGREGAZIONE DEI FIGLI DEL DIVINO VOLERE
DELLE 3 SS TRINITA'.

DIVINA VOLONTA' ACCRESCI INFINITAMENTE GLI OPERAI
DELLA TUA MESSE, AMEN.

Apparizione della Madonna a Porto Empedocle (AG) nel maggio 2000 nella villa IMMACOLATA del DIVINO VOLERE

a Porto Empedocle(AG) nel 2000 forse nel mese di Maggio la Madonna mi aiuto, liberandomi da un falso profeta nella villa che io chiamo :Immacolata ,luna crescente del divin Voler . Quest'uomo mi disse che gesù parlava nella sua bocca e che se io gli domandavo qualcosa lui mi avrebbe risposto per bocca di quest'uomo. io gli dissi che prima di rispondere ad ogni mia domanda doveva dirmi :Gesù , Maria vi amo .Lui lo diceva fino a sette mie domande circa mi rispose cosi' come io gli chiesi e poi rispondeva alla domanda che gli avevo posto ;allora io mi sentivo l'anima turbata da queste risposte e dissi alla Madonna nel mio pensiero :O donna che sciaccia la testa al serpente ,schiaccia la testa al serpente, subito quest'uomo disse :che mi importa di dire Gesù , Maria vi amo ,mostrandosi per quello che era realmente cioè il demonio ,la Madonna era scesa ad aiutarmi da satana e da quest'uomo obligando satana a dire la verità che Lui non gli interessava di dire Gesù ,Maria vi amo perchè lo diceva senza amore ed interesse vero. adesso dopo 10 anni ho messo una statua della madonna di circa 80 cm e abbiamo fatto un bel giardino alla novella Eva:Maria, come lo meritava .qui io credo che la Madonna vorrà un giorno trasformarlo in un nuovo e più glorioso eden dove non vi sarà la sconfitta dell'uomo ma la sua vittoria infatti nello stesso anno Maria mi fece conoscere gli scritti di Luisa Piccarreta che Gesù dice, sono l'antidoto al veleno

del serpente e faranno ritornare l'uomo allo stato
d'origine prima del peccato originale
affianco alla villa dell'immacolata del Divino
Volere Gesù , Maria e Luisa Piccarreta desiderano
da me che faccia costruire un Satuario (una Chiesa
) intitolata:" Immacolata del Divino Volere novelle
Eve del Paradiso
Questa Chiesa sarà uguale a quella di Medjugorje
però più piccola e sarà dedicata alle verità che
la serva del Divino Volere Luisa Piccarreta ha
ricevuto da Dio a riguardo della Divina Volontà e
del suo Regno che sta per venire ed è già venuto
e al nuovo paradiso che Maria SS. sta preparando
per noi suoi amabili figli e rievocherà la
benedetta frase che Dio Padre disse al serpente
nell'eden cioè :la donna ti schiaccerà il capo e
tu le insiederai il calcagno e porrò inimicizia
tra la tua stirpe e la sua stirpe. Perciò vi
chiedo di donare al numero di posta pay che
trovate nella finestra:" donazioni per creare una
comunità di figli del Divin Volere" e Dio vi
benedica tutti infin. nella Divina Volontà
oggi 2 gennaio 2012 ho per la prima volta
assaggiato l' acqua della sorgiva che scorre
sotto il quadro di Gesù Misericordioso del Divino
Volere nella villa dell'Immacolata del Divino
Volere di Porto Empedocle , e credo sia quella che
ho domandato a Gesù e a Maria già da molti anni ;
e credo sia infinitamente miracolosa e aiuti la
volontà umana ad unirsi con quella Divina e
guarisca ogni specie di malattie iniziando da
quelle spirituali e della volontà umana che ha
bisogno estremo di unirsi con quella
infinitamente santa di Dio . Dio ne sia sempre
lodato e amato all'infinito e dentro la sua santa
Volontà Amen

MIRACOLI DELL'ACQUA DELLA MADONNA DEL DIVINO VOLERE
DI PORTO EMPEDOCLE(AG)

a Porto Empedocle continuano i miracoli attraverso l'acqua miracolosa che la Madonna del Divino Volere mi ha dato nell'agosto 2011 nella villa Luca crescente: Un bambino che aveva una cicatrice nello stinco bevendo l'acqua gli è scomparso il segno ;ho ricevuto questa informazione da un altro bambino amico di quest'ultimo(non so ancora se è vera la notizia devo contattare il bambino miracolato) Un altro amico mio, ha dato l'acqua a sua madre che aveva una ferita nel piede ed il giorno dopo gli si è asciugata la ferita completamente. Un altro amico mio ha bevuto subito con grande fede un bicchiere d'acqua miracolosa proprio davanti alla statua della Madonna e ha sentito dopo 10 minuti un formicolio in tutto il corpo e mi ha detto che il bruciore che aveva alla stomaco causatagli da una colica (credo che abbia detto colica) gli è passato totalmente; dopo 15 giorni circa ho domandato a sua suocera come stava Calogero cioè il miracolato e mi ha detto che non si lamentava più del problema che aveva prima A me personalmente mi ha guarito una dermatite pochi giorni fa : applicavo l'acqua direttamente nel punto del rossore e dopo 10 giorni la pelle è diventata come prima non ho aggiunto pomate o altro solo l'acqua della Madonna del Divino Volere